# Heptameron
# Círculos da Presença

## Luan Ferr

*Guia Completo para Conjuração de Anjos
Segundo a Magia Cerimonial de Salomão*

**Título Original:**
Heptameron - *Círculos da Presença*
Copyright © 2025, publicado por Luiz Antonio dos Santos ME.
Este livro é uma obra de não-ficção que explora práticas e conceitos no campo da magia cerimonial cristã. Através de uma abordagem progressiva e profunda, o autor oferece instruções rituais detalhadas para a conjuração de anjos segundo a tradição salomônica, contextualizando seu uso para o operador moderno com base no grimório Heptameron.
**1ª Edição**
**Equipe de Produção**
**Autor**: Luan Ferr
**Editor**: Luiz Santos
**Capa:** Studios Booklas / Elian Marquet
**Consultor:** Alverin Dosk
**Pesquisadores: Ralen Mirko** / Tessa Vonel
**Diagramação:** Jalif Tenari
**Publicação e Identificação**
*Heptameron – Círculos da Presença*
**Booklas, 2025**
Categorias: Magia Cerimonial / Espiritualidade
DDC: 133.43 – CDU: 133.5
Todos os direitos reservados a:
Luiz Antonio dos Santos ME / Booklas
Nenhuma parte deste livro pode ser reproduzida, armazenada num sistema de recuperação ou transmitida por qualquer meio — eletrônico, mecânico, fotocópia, gravação ou outro — sem a autorização prévia e expressa do detentor dos direitos autorais.

# Sumário

Apresentação Editorial ................................................................. 4
Capítulo 2  Preparação Do Iniciad• ............................................. 17
Capítulo 3  Os Três Círculos Mágicos ........................................ 35
Capítulo 4  Ferramentas Do Operador ........................................ 53
Capítulo 5  Bênção Do Círcul• .................................................... 74
Capítulo 6  Bênção Dos Perfumes ............................................... 90
Capítulo 7  Exorcismo Do Fog• ................................................ 110
Capítulo 8  Os Sete Dias E Seus Anjos ..................................... 127
Capítulo 9  Horas e Estações Mágicas ...................................... 151
Capítulo 10  Preparando O Ritual De Conjuraçã• ..................... 170
Capítulo 11  A Invocação Dos Anjos ........................................ 189
Capítulo 12  Comunicação e Pedid• .......................................... 207
Capítulo 13  A Despedida Ritual ............................................... 226
Capítulo 14  Registros E Cuidados Pós-Ritual ......................... 243
Capítulo 15  Ética E Perigos Da Arte ........................................ 258
Capítulo 16  Apêndice Visual E Tabelas ................................... 273
Pósfácio ..................................................................................... 277

# Apresentação Editorial

É com grande respeito à tradição e profundo senso de responsabilidade espiritual que entregamos ao leitor esta obra cuidadosamente elaborada: um guia completo e progressivo para a prática ritualística descrita no *Heptameron*, atribuído a Pietro d'Abano. Ao longo dos séculos, esse grimório singular despertou fascínio, temor e veneração por conter instruções detalhadas para a conjuração de inteligências celestes e operações de magia cerimonial sob uma estrutura profundamente simbólica e cristã.

Diferente de meras traduções ou transcrições de manuscritos antigos, este livro se propõe a ser uma ponte viva entre o texto clássico e o praticante moderno. Para isso, organizamos o conteúdo em dezesseis capítulos didáticos e progressivos, que conduzem o leitor da introdução teórica até a execução prática dos ritos, incluindo instruções de preparação, cálculos astrológicos, ética operativa e modelos de registro ritual.

A abordagem adotada busca equilibrar fidelidade textual, clareza pedagógica e profundidade espiritual. Cada capítulo foi redigido com o intuito de preservar o espírito da tradição salomônica, mas sem perder de vista as necessidades do operador contemporâneo — que, muitas vezes, carece não apenas de instruções precisas, mas também de um contexto moral e psíquico que sustente a potência do rito.

Incluímos, ao final, um apêndice visual e prático, com tabelas, traduções latinas, selos e instruções complementares. Esse material visa facilitar a aplicação concreta das operações descritas, permitindo que o livro funcione não apenas como objeto de estudo, mas como instrumento ritualístico completo e funcional.

Este volume não é destinado à curiosidade superficial, tampouco à experimentação leviana. Ele fala ao coração sincero de quem busca conhecimento, transformação e comunhão com o sagrado por meio da via cerimonial. O *Heptameron*, ainda que pequeno em extensão, exige maturidade, humildade e reverência. Seu poder não está apenas nos nomes que invoca, mas na vibração interna com que são pronunciados.

Por essa razão, reiteramos: a prática mágica é inseparável da ética e da consciência. Todo ritual é também um espelho. Toda evocação é um chamado à própria alma. Que este livro, então, sirva como mapa e espelho; como chave e lembrete; como convite e consagração.

Com votos de luz, equilíbrio e discernimento ao longo da jornada,

Luiz Santos, Editor

# Capítulo 1
# O Grimório Heptameron

Ao mergulharmos nos grimórios antigos da tradição ocidental, descobrimos que eles não foram concebidos como simples repositórios de encantamentos, mas como mapas rituais para a alma. O Heptameron, nesse sentido, não é exceção: é um artefato espiritual cuja sofisticação litúrgica e simbólica revela uma busca profunda por sentido, por comunhão com as forças celestes e por transformação interior. Atribuído a Pietro d'Abano, figura multifacetada que transitava entre a medicina, a filosofia e a astrologia, esse grimório organiza o tempo litúrgico da magia com precisão e reverência. O ciclo dos sete dias — cada um regido por um arcanjo planetário — não é uma convenção arbitrária, mas um reflexo da ordem cósmica inscrita no próprio tecido do mundo.

Cada dia da semana é, portanto, uma janela para uma qualidade espiritual distinta, mediada por entidades que representam as esferas planetárias. As práticas do Heptameron foram desenhadas não apenas para convocar essas presenças, mas para sintonizar o operador com o ritmo invisível do cosmos, realinhando seu corpo, mente e espírito com uma hierarquia superior. Isso exige mais do que conhecimento técnico:

requer um estado de pureza interior e um engajamento sincero com os mistérios. A evocação, nesse sistema, não é uma ferramenta de dominação, mas um gesto de humildade diante do sagrado, uma tentativa de ouvir e colaborar com inteligências que transcendem a experiência comum.

A estrutura semanal do Heptameron — sete dias, sete arcanjos, sete rituais — ecoa uma cosmovisão na qual o tempo não é linear, mas cíclico e consagrado. Segunda-feira é dedicada à Lua e ao arcanjo Gabriel, cujos atributos envolvem sonhos, revelações e o mundo das emoções. Terça-feira pertence a Marte e a Samael, com ênfase em coragem e ação justa. E assim sucessivamente, até o domingo solar, regido por Miguel, o arcanjo guerreiro da luz e da verdade. Em cada dia, o magista se aproxima de uma faceta do divino, integrando aos poucos esses aspectos em seu próprio ser.

Além das correspondências astrológicas, o Heptameron oferece instruções detalhadas sobre as vestes, as horas canônicas, os incensos apropriados, as direções a serem tomadas e os nomes a serem pronunciados. Trata-se de um sistema que busca fidelidade à tradição e, ao mesmo tempo, eficácia espiritual. O uso de nomes sagrados, por exemplo, não visa manipular o divino, mas invocar sua presença com reverência. Cada nome carrega em si uma vibração específica, uma assinatura espiritual que ressoa com as esferas superiores. Proferi-los corretamente é uma forma de sintonização, como se cada palavra abrisse uma porta entre mundos.

A prática semanal proposta pelo Heptameron pode ser vista como um rosário cósmico: cada dia é uma conta no fio da eternidade, e o operador, ao percorrê-las com intenção, transforma o ordinário em sacramento. É uma liturgia mágica que não se opõe à religião, mas que propõe um sacerdócio interior, onde o templo é o próprio corpo purificado, o altar é o círculo mágico, e a oração é o chamado à presença divina. Nesse processo, o tempo cotidiano se transfigura — torna-se kairós, tempo sagrado, tempo de escuta.

Em um mundo que frequentemente dissocia espiritualidade de prática concreta, o Heptameron se impõe como uma ponte entre teoria e experiência. Ele não promete resultados imediatos, nem oferece atalhos para o poder. Ao contrário, exige constância, paciência e uma ética da intenção. Seu valor reside justamente em devolver à magia seu caráter sacro, restaurando uma via de acesso à dimensão invisível que sustenta e permeia a realidade. E é por isso que, séculos após sua criação, ele continua a inspirar buscadores sérios — não como uma relíquia do passado, mas como uma escola viva do espírito.

O texto instrui o operador a traçar círculos mágicos, preparar roupas e instrumentos específicos, realizar consagrações, abençoar perfumes e fogo, e finalmente invocar os anjos com orações e fórmulas solenes. Tudo isso deve ser feito com precisão ritualística, fé reverente e uma intenção espiritual clara. A execução literal e simbólica desses passos é parte fundamental do êxito na manifestação espiritual, uma vez que o ritual não apenas convida os seres celestiais, mas também transforma o operador interiormente.

O Heptameron se destaca por apresentar um sistema fechado e prático de magia cerimonial cristã. Diferente de grimórios que se dedicam exclusivamente à invocação de espíritos ou demônios, este trabalho é voltado à evocação de entidades celestiais. Suas orações são dirigidas a Deus, seus selos estão associados a nomes divinos, e seu propósito, em última instância, é elevar o espírito humano por meio da experiência ritual e da comunhão com os anjos. É uma prática que exige reverência e não pode ser conduzida com leviandade ou motivada por vaidade.

No cerne do Heptameron repousa uma teologia implícita que recusa a separação entre magia e santidade. Trata-se de uma obra que inscreve a prática mágica dentro de um horizonte cristocêntrico, onde o operador, longe de agir como um usurpador de forças, se posiciona como oficiante litúrgico em um drama espiritual que repete, em miniatura, a arquitetura do cosmos. A evocação dos anjos, nesse contexto, não é uma forma de controle, mas de escuta e receptividade. É como se o operador estendesse uma mesa simbólica e chamasse os convivas celestiais, não para dominá-los, mas para comungar com sua presença e aprender com sua sabedoria.

Esse caráter profundamente devocional distingue o Heptameron de outras tradições mágicas da mesma época. Ao invés de fórmulas que prometem poder imediato ou resultados pragmáticos, ele oferece um itinerário espiritual. O operador não busca apenas transformar a realidade externa, mas antes, passar por um refinamento interno que o torne digno de receber os influxos angélicos. Assim, o verdadeiro resultado da prática não é um prodígio visível, mas uma transfiguração silenciosa, muitas vezes imperceptível aos olhos do mundo, mas radical no íntimo.

Essa abordagem também impõe um ethos rigoroso ao praticante. A preparação não é apenas ritualística, mas moral: requer humildade, contenção dos desejos e um abandono sincero das vaidades. O magista deve cultivar a paciência e a pureza, pois a presença angélica, segundo o Heptameron, não se manifesta diante da irreverência ou da superficialidade. Ela exige um coração preparado como solo fértil — livre de arrogância, limpo de intenções dúbias.

A liturgia do grimório é, nesse sentido, uma pedagogia do espírito. Cada selo, cada nome, cada gesto ritualizado tem a função de afinar o corpo e a alma do operador com a música oculta das esferas. O conjunto simbólico age como um espelho: revela ao praticante aquilo que nele resiste à luz, aquilo que ainda não pode ser tocado sem dano. E, por isso mesmo, o Heptameron não é um manual de práticas mecânicas, mas um livro-vivo, que responde à maturidade de quem o consulta.

Há também uma beleza austera na sua concepção: tudo é codificado, medido, sagrado. Nada se improvisa, pois tudo ecoa uma ordem superior. A prática se torna uma oferenda — não apenas de palavras, mas de atenção plena. Em um tempo em que a pressa governa até o sagrado, o Heptameron insiste em outro ritmo: o da contemplação, o da fidelidade, o do silêncio que precede a escuta.

Portanto, evocar os anjos segundo este grimório não é buscar um espetáculo de luzes, mas alinhar-se com uma tradição que compreende o invisível como uma realidade viva, sensível à ética e à intenção do operador. E é essa fidelidade ao invisível — mais do que qualquer resultado imediato — que transforma a prática em via de ascese. O Heptameron não é uma porta para o poder, mas um limiar para o sagrado. Quem o atravessa, com reverência e verdade, descobre que conjurar é, antes de tudo, tornar-se digno de ser escutado.

A obra pode ser dividida em várias seções fundamentais:

Preparação do operador: requer purificação física, jejum, oração e vestimentas específicas. O magista deve também observar os preceitos morais, manter sua mente livre de pensamentos impuros e estabelecer um compromisso sincero com a verdade.

Construção dos círculos mágicos: três círculos concêntricos com nomes divinos, anjos e símbolos correspondentes ao tempo do ritual. Esses círculos são traçados com giz, carvão ou varinha ritual, sempre em local isolado, limpo e consagrado.

Consagrações e bênçãos: água lustral, perfumes, incensos e fogo sagrado são abençoados para uso ritual. Nada entra no espaço mágico sem ser purificado e dedicado ao serviço divino.

Evocação por dia da semana: cada dia traz um conjunto de entidades, orações e selos específicos. O magista precisa conhecer a regência planetária e as inteligências do ar associadas a cada jornada.

Instruções de encerramento: despedida das entidades, purificação do espaço e recomendações pós-ritual. Essa fase final é tão importante quanto o início, pois sela a integridade do trabalho.

Essa estrutura visa criar um ambiente ritualmente puro e espiritualmente protegido para que as inteligências celestes possam se manifestar de forma visível dentro do círculo mágico. Não é um teatro, mas uma realidade operativa baseada na harmonia entre intenção, rito e simbologia sagrada.

É importante compreender que o Heptameron não é um grimório de magia negra ou ocultismo desviante. Pelo contrário: ele invoca a autoridade de Deus, de Cristo e dos santos anjos, utilizando orações baseadas em trechos da Bíblia e da liturgia católica. As práticas exigem reverência, fé e comprometimento espiritual. Trata-se de uma arte sacerdotal, onde o operador assume um papel análogo ao do oficiante litúrgico, muitas vezes recitando salmos, entoando cânticos e manejando instrumentos consagrados com gestos rituais específicos.

O objetivo das práticas pode ser a obtenção de sabedoria, cura, proteção espiritual, revelações, ou auxílio para outras pessoas. Não se trata de impor vontades pessoais sobre o mundo espiritual, mas de entrar em sintonia com inteligências superiores para colaborar com os desígnios do bem. O magista torna-se, nesse contexto, um servo do divino, e não um senhor do invisível.

Além disso, o Heptameron promove o desenvolvimento de virtudes espirituais essenciais: paciência, humildade, disciplina, discernimento e devoção. Cada ritual é uma aula de escuta, concentração e presença. A manifestação visível de um espírito é apenas um dos frutos; o mais importante é a transformação interior do próprio praticante.

A manifestação visível dos anjos e espíritos requer que o operador prepare um espaço consagrado, simbolicamente ordenado e energeticamente limpo. O círculo mágico, neste contexto, não é uma barreira de proteção apenas — é um altar vivo, uma mandala terrestre que reflete a ordem celeste. Ele serve como ponto de aterrissagem das presenças espirituais que respondem ao chamado do operador.

O traçado do círculo deve ser feito em solo limpo, preferencialmente sobre pano branco, em local silencioso. O interior do círculo é adornado com os nomes sagrados de Deus — por exemplo, Adonai, Tetragrammaton, El, Elohim — intercalados com cruzes. Em seu centro, escreve-se Alpha e Omega, e quatro nomes divinos nos quadrantes cardeais.

Cada elemento que compõe o ritual tem um propósito: os perfumes elevam a vibração do ambiente; o fogo sagrado purifica; a água benta exorciza forças indesejadas; os nomes divinos estabelecem autoridade e conexão com as hierarquias angélicas. A conjuração, então, não é um espetáculo sobrenatural, mas uma linguagem simbólica de comunhão. A prática do círculo ensina ao operador que o invisível não se acessa por força bruta, mas por ordem, harmonia e reverência.

Num tempo em que muitos se afastam de práticas espirituais profundas por desconhecimento ou descrença, o Heptameron se apresenta como uma ponte entre tradição e atualidade. Ele oferece um caminho estruturado, devocional e eficaz para a reconexão com o sagrado. Não exige submissão a uma religião institucional, mas propõe disciplina, intenção clara e respeito às forças superiores. Em um mundo ruidoso, oferece silêncio ritual. Em meio à dispersão moderna, propõe foco sagrado.

O praticante moderno pode utilizar o Heptameron como instrumento de transformação interior, como método de auxílio espiritual a terceiros, ou como caminho contemplativo de contato com os mundos invisíveis. Sua linguagem é simbólica, mas seus efeitos são concretos para quem o pratica com seriedade e humildade. Os rituais do Heptameron funcionam como janelas que se abrem entre os planos — e o operador, desde que preparado, se torna mediador consciente entre os mundos.

Este primeiro movimento não visa apenas informar, mas preparar o espírito para um tipo de leitura que também é prática de atenção. O que se apresenta aqui não é uma sucessão de dados históricos ou instruções técnicas, mas a introdução a um campo onde símbolos, gestos e palavras formam uma linguagem sagrada. Aproximar-se do Heptameron com essa consciência significa reconhecer que cada elemento contido em suas páginas é uma chave — e que essas chaves só operam sua função diante de um coração disposto, de uma mente concentrada e de um corpo purificado.

Há, na composição do grimório, uma arquitetura que demanda mais do que compreensão intelectual: exige assimilação vivencial. O que se delineou até agora é uma cartografia do sagrado, um esboço do templo interior que o operador deverá construir com seus próprios atos, pensamentos e intenções. Nada do que está descrito é fortuito: os dias, os anjos, os nomes, os ritos, todos apontam para um ordenamento superior que deseja ser reatualizado por meio da prática. A magia, nesse contexto, não é um fim, mas um meio — uma via pela qual o ser humano recorda sua origem celeste e, ao mesmo tempo, se purifica para reencontrá-la.

A proposta aqui sugerida não é a de um misticismo vago, nem a de uma religiosidade superficial. É, antes, a de um sacerdócio íntimo, silencioso, no qual cada detalhe é expressão de uma entrega. Os nomes sagrados não devem ser apenas pronunciados: precisam ser escutados desde dentro, como se a própria alma os dissesse. O círculo traçado no chão não é apenas um limite: é o espelho de uma ordem que o mundo esqueceu. E os arcanjos evocados não são personagens: são presenças reais que se deixam perceber apenas quando há verdade no chamado.

Assim, este início já carrega em si o espírito do que virá: não se trata de adquirir fórmulas ou colecionar selos, mas de adentrar um processo de lapidação interior. O caminho é exigente, mas generoso. Cada passo, quando dado com intenção sincera, revela mais do que foi prometido. E se há algo a ser conquistado, não é o domínio sobre forças externas, mas a capacidade de se tornar receptáculo digno da luz que tudo permeia. O que se abre aqui não é uma trilha de domínio, mas uma estrada de escuta. E escutar, neste universo, é permitir que o sagrado fale — não apenas através dos anjos, mas através de cada gesto, de cada palavra e de cada silêncio que o operador consagra em sua jornada.

# Capítulo 2
# Preparação Do Iniciado

A escada da conjuração, como todo caminho espiritual autêntico, não se inicia no gesto externo, mas no silêncio interior. Antes que o operador trace qualquer círculo no chão, é preciso que tenha traçado um círculo de intenção e pureza dentro de si. O Heptameron não é um livro para curiosos ou céticos — é uma ferramenta sagrada destinada àqueles que desejam, com sinceridade, transitar entre mundos. Este capítulo é, portanto, uma convocação. Uma convocação à presença, à reverência e à preparação. Sem essa base, nenhum ritual terá verdadeiro poder.

Essa convocação não exige perfeição, mas inteireza. Requer que o iniciado esteja disposto a suspender, ainda que por um breve tempo, as vozes do mundo e as máscaras do cotidiano para mergulhar em uma escuta profunda. É um chamado que não ressoa nos ouvidos, mas no centro do ser, onde o desejo de verdade ainda pulsa mesmo em meio às cinzas da dispersão moderna. O primeiro degrau da escada é a disposição sincera de calar-se para ouvir, de esvaziar-se para receber. Não se trata de dogma ou imposição, mas de postura interior: quem se aproxima do sagrado com arrogância ou leviandade não encontrará senão o eco de sua própria confusão.

No silêncio anterior ao rito, muitas vezes surgem resistências — pensamentos inquietos, lembranças mal resolvidas, angústias adormecidas. Esse desconforto não é sinal de fracasso, mas de depuração. A preparação exige coragem para atravessar a sombra que separa o mundano do luminoso. Tal como o ouro precisa passar pelo fogo para revelar sua pureza, o espírito do operador deve passar pelo crisol do silêncio e da vigilância.

Esse processo interior pode se manifestar de formas variadas: uma inquietação sutil ao entrar em contato com o texto do Heptameron, uma necessidade inexplicável de recolhimento, ou mesmo sonhos simbólicos que parecem reorganizar o inconsciente. Todos esses são sinais de que a convocação foi ouvida, ainda que parcialmente. O que se pede, a partir daí, é continuidade. A espiritualidade verdadeira não floresce em atos esporádicos, mas em gestos consistentes, ainda que simples.

Ao preparar-se para o rito, o iniciado não busca apenas poder espiritual, mas purificação. O ato de conjurar, no sentido profundo do termo, é um chamado mútuo: ao evocar uma inteligência superior, o operador também se deixa evocar por ela, tornando-se receptáculo e oferenda. O círculo traçado no chão não deve ser apenas uma barreira de proteção; ele é um espelho do círculo invisível que deve ser firmado no coração — aquele onde não entra a dúvida, o orgulho ou o desejo de controle.

Essa preparação, portanto, é um processo de afinação. Como um instrumento que precisa estar bem ajustado para que a música sagrada se manifeste, o iniciado precisa harmonizar seus diversos aspectos para que a presença espiritual, quando vier, encontre morada e não resistência. Muitos se perguntam por que seus ritos falham ou parecem vazios — e, na maioria das vezes, é porque o altar interno está em ruínas, mesmo que o altar físico esteja impecável.

Estar preparado é mais do que saber o que fazer. É estar presente no que se faz, com reverência e escuta. É abdicar da pressa e do desejo de resultado imediato para entrar em um tempo sagrado, onde cada gesto tem peso e cada palavra, densidade. É saber que o verdadeiro trabalho mágico não começa com a invocação, mas muito antes dela — no momento em que o operador decide, com humildade, tornar-se um canal vivo entre os mundos.

Assim, a escada da conjuração ergue-se não apenas por fórmulas ou selos, mas por presença contínua. E a presença nasce da preparação. Por isso, antes de buscar os nomes dos anjos, é necessário invocar a própria inteireza. Antes de acender a vela, é preciso acender o espírito. Antes de qualquer rito, deve haver o sim profundo de quem deseja não apenas ver milagres, mas tornar-se digno deles.

Preparar-se, no contexto do Heptameron, é alinhar os três níveis do ser — corpo, mente e espírito — para que se tornem um canal coeso por onde possa se manifestar a inteligência espiritual evocada. O operador é o elo entre a Terra e o Céu. Sua preparação não é apenas simbólica: ela é funcional. Um corpo impuro, uma mente dispersa ou uma alma em desarmonia tornam-se obstáculos diretos à manifestação angélica. Por isso, cada passo deve ser seguido com atenção, dedicação e propósito.

1. A Preparação Física

O corpo é o templo da ação. Ele deve estar limpo, descansado, alimentado de forma leve e livre de toxinas. Recomenda-se:

2. Jejum leve nas 12 horas que antecedem o ritual. Água e infusões são permitidas, evitando carnes, álcool, alimentos pesados ou processados. Esse jejum não é meramente físico: ao reduzir a atividade digestiva, o corpo redireciona sua energia para os sentidos mais sutis, afinando a percepção e facilitando estados ampliados de consciência. O jejum, portanto, é uma pedagogia silenciosa de abertura. Não se trata de privação, mas de espaço: espaço interno para que o sagrado possa entrar.

3. Banho de purificação, com sal grosso e ervas como alecrim, arruda ou lavanda. Durante o banho, o operador pode recitar o Salmo 51 (Miserere mei, Deus) como oração de limpeza interior. Esse banho ritual não é um gesto simbólico vazio. Ele atua sobre o corpo energético, desfazendo densidades acumuladas e restaurando o fluxo harmônico entre os centros sutis. O sal grosso tem o papel de absorver miasmas e resíduos psíquicos, enquanto as ervas elevam a vibração do campo. Recitar um salmo nesse momento é imprimir direção e intenção à água, transformando-a em veículo de graça.

4. Vestuário ritual: uma túnica branca simples, de algodão ou linho, sem símbolos ou adornos. Esta veste representa a neutralidade e a consagração. Deve ser usada apenas para os rituais e ser guardada com respeito. Ao vestir-se com ela, o operador declara silenciosamente que não está mais no tempo comum, mas no tempo do rito. A túnica torna-se um manto de transição, uma pele intermediária entre o mundo profano e o espaço sagrado. Guardá-la à parte, em local reservado, é reconhecer seu papel como vestimenta de passagem.

5. Ambiente corporal silencioso: evitar sexualidade, ruídos intensos e conversas mundanas por pelo menos 24 horas antes do rito. O corpo precisa "desacelerar" para se tornar receptivo. Isso inclui evitar músicas agitadas, discussões, uso excessivo de eletrônicos e outros estímulos que perturbem a frequência interior. O silêncio não é ausência de som, mas presença de escuta. Ao abster-se de estímulos, o corpo começa a vibrar em outro ritmo, mais próximo do espiritual. Cada movimento torna-se mais consciente, cada respiração, mais profunda.

Essa purificação do corpo não é ascetismo vazio. É preparação para tornar-se receptáculo de uma presença elevada. O corpo é a primeira morada a ser ordenada. E esse ordenamento não se faz com rigidez ou negação, mas com respeito. Ao cuidar do corpo com essa intenção, o iniciado aprende que a matéria não é obstáculo ao espírito, mas sua aliada. O corpo, quando bem preparado, torna-se sensível como um instrumento afinado, capaz de perceber nuances invisíveis, de sustentar energias elevadas e de traduzir em gestos aquilo que o espírito intui. É nesse corpo, agora templo, que o sagrado poderá se manifestar com verdade.

6. A Preparação Psicológica

A mente é o espelho da prática ritual. Nenhum anjo se manifestará a um espírito mergulhado em distrações. Por isso, é necessário cultivar:

• Silêncio interior: evitar televisão, redes sociais, notícias ou estímulos externos excessivos no dia do ritual. A mente deve estar recolhida, não dispersa. Esse recolhimento não é isolamento, mas recalibração. Ao silenciar os ruídos informativos que inundam o cotidiano, o operador permite que seus pensamentos desacelerem e que sua percepção se torne mais transparente. Trata-se de preparar um campo de escuta profunda, onde a intuição possa emergir sem ser abafada pela tagarelice mental. O silêncio interior é como um lago que, quando em paz, reflete com clareza a luz do céu.

• Estudo prévio: conhecer os nomes, salmos e selos que serão utilizados, para que nada seja lido com hesitação ou desconhecimento durante o rito. A familiaridade com os elementos do ritual não visa erudição, mas fluidez. Quando o operador conhece o que irá proferir, sua palavra adquire poder e seu gesto torna-se pleno. A mente, então, não tropeça na dúvida ou no esquecimento — ela sustenta com firmeza o fio condutor da operação. O estudo prévio é um ato de reverência àquilo que se deseja invocar: ninguém entra em um templo sagrado com ignorância ou pressa.

• Meditação diária, ao menos 10 a 15 minutos, na semana anterior. Pode-se meditar visualizando uma luz branca que desce do alto da cabeça ao coração, harmonizando os pensamentos. Essa prática simples cria uma ponte entre o consciente e o sutil, desacostuma a mente da dispersão e a introduz no espaço da atenção. A imagem da luz branca descendo não é apenas simbólica: ela ativa circuitos internos de pacificação e de enraizamento. O coração, centro de consciência espiritual, torna-se o trono da atenção — e a mente, em vez de dominadora, aprende a servir ao espírito.

• Revisão das intenções: anotar claramente, com sinceridade, por que se deseja realizar aquele ritual. A intenção é a semente espiritual do resultado. Ao escrever suas motivações, o operador depura seus desejos, identifica contaminações do ego e confronta suas verdadeiras necessidades. Essa revisão é, muitas vezes, o momento mais revelador de toda a preparação. Intenções vagas geram resultados confusos; intenções claras, mesmo que humildes, atraem respostas precisas. Por isso, é recomendável que o iniciado escreva suas intenções à mão, em um caderno ritual, como quem semeia um campo com atenção e fé.

A mente, quando educada, torna-se um espelho límpido onde o invisível pode se refletir. Sem essa clareza, o rito transforma-se em repetição mecânica, e a presença espiritual encontra resistência em vez de acolhimento. A preparação psicológica não exige genialidade, mas disciplina. Exige a escolha diária de não se distrair, de não se embotar, de não entregar o espaço da mente ao caos cotidiano. Com o tempo, essa disciplina se converte em naturalidade. E a naturalidade da mente serena é uma das portas mais seguras para o sagrado.

7. A Preparação Espiritual

A parte mais profunda da preparação é a espiritual. O Heptameron trabalha com entidades elevadas que respondem ao chamado do espírito, não ao do ego. Para isso:

• Oração diária: sugerem-se orações como o Pai Nosso, a Invocação do Espírito Santo ou salmos específicos para purificação (Salmo 23, 51 ou 91). Essas preces não devem ser recitadas mecanicamente, mas com atenção e reverência, como se fossem cartas dirigidas ao mundo invisível. Cada palavra bem pronunciada atua como um selo de luz que sela o coração contra a dispersão. A oração diária prepara o campo vibratório do operador, fazendo com que ele se torne gradualmente mais sintonizado com os planos superiores. Ela treina a presença, purifica a intenção e ancora a humildade.

• Confissão interior: se houver mágoas, culpas ou atitudes não resolvidas, deve-se reconhecê-las e pedir perdão — a si, a Deus e aos envolvidos. O magista deve estar em paz com seu coração. Não se trata de ritual religioso, mas de integridade interior. Todo resíduo emocional carregado para o rito distorce a pureza do chamado. Por isso, o reconhecimento sincero de falhas, o arrependimento verdadeiro e o desejo honesto de reparação formam um campo magnético propício à manifestação espiritual. É nesse esvaziamento da culpa e da amargura que o espírito pode se elevar com leveza.

• Jejum espiritual: abster-se de palavras vãs, julgamento alheio, crítica, desânimo. Alimentar o espírito com beleza, verdade e caridade. Esse tipo de jejum é muitas vezes mais exigente que o físico, pois implica vigilância contínua sobre os impulsos do ego. Consiste em não responder ao mundo com reatividade, mas com presença; em não reproduzir padrões de negatividade, mas cultivar virtudes discretas. Um coração calmo, generoso e limpo de vaidades torna-se terra fértil onde o anjo pode pisar.

• Oferta simbólica: acender uma vela branca por sete dias antes da primeira operação, pedindo luz e discernimento ao seu anjo da guarda. Esse gesto simples é uma forma de antecipar o rito, como quem envia um convite ao mundo celeste. A chama da vela, renovada a cada dia, representa o comprometimento do iniciado com sua própria purificação e com a verdade do que irá pedir. Durante esses sete dias, recomenda-se que o operador mantenha uma atitude de recolhimento, meditando brevemente diante da vela e renovando seu pedido em silêncio.

Essa preparação espiritual transforma o ritual em uma oferenda viva e autêntica. Ela garante que o gesto exterior — por mais preciso e bem executado que seja — não seja vazio. Quando o espírito está alinhado com a intenção, quando há verdade na busca e humildade no gesto, o invisível responde com clareza. É essa pureza espiritual que separa o verdadeiro operador do mero executor de fórmulas. É ela que confere densidade, presença e poder ao rito, tornando-o não um espetáculo, mas um encontro.

8. O Espaço de Prática

Antes de qualquer círculo ser traçado, o espaço deve ser escolhido e preparado:

• Ambiente silencioso e privado, onde não haja interrupções ou presença de animais durante o ritual. Esse recolhimento do espaço externo reflete a necessidade de separação simbólica entre o mundo ordinário e o sagrado. O local da prática deve ser um limiar — um entre-lugar onde as energias do alto possam descer sem interferência. Silêncio, aqui, significa mais que ausência de ruído: é a criação de uma atmosfera de respeito, onde cada elemento presente participa do rito com discrição e harmonia.

• Chão limpo, preferencialmente de pedra, madeira ou sobre um pano branco consagrado. O chão é a base sobre a qual se erguerá o círculo mágico, e sua limpeza não deve ser apenas física, mas também vibracional. Alguns operadores borrifam água lustral ou passam defumações leves para purificar a superfície. O pano branco funciona como um véu que separa o espaço ritual do mundo profano, uma espécie de altar horizontal sobre o qual o sagrado poderá pousar.

• Luz suave: o ambiente deve ser iluminado com velas, evitando luz artificial direta. A luz do fogo conecta o rito à tradição ancestral dos altares vivos. Sua oscilação natural e calor sutil convidam o espírito à presença e auxiliam o operador a entrar em estado de atenção expandida. Evita-se a luz artificial, pois ela interfere na sensibilidade energética e na criação da ambiência propícia. Cada vela acesa é um chamado silencioso à presença invisível.

- Aromas de purificação, como incenso de olíbano ou sândalo, queimados antes da prática para preparar a atmosfera. O olfato é uma das vias mais diretas para o sistema nervoso e a memória simbólica. A queima de incensos adequados eleva a vibração do espaço e age como convite olfativo à presença espiritual. Recomenda-se que o incenso seja natural, de boa procedência, e que sua fumaça percorra o ambiente em círculos lentos, quase como dançando com o espaço. O operador pode acompanhar a defumação com orações, cânticos ou silêncio atento.

Se possível, o espaço deve ser utilizado apenas para práticas espirituais. Se isso não for viável, uma cortina branca ou um círculo delimitado simbolicamente com cristais pode isolar o local do cotidiano profano. Essa separação simbólica é fundamental: ela ensina ao corpo e à mente que aquele lugar, ainda que modesto, é agora um território sagrado. O simples ato de delimitar o espaço já constitui um primeiro gesto mágico. Cada vez que o operador entrar nesse ambiente, seu corpo reconhecerá a vibração, sua respiração se ajustará, e sua mente será naturalmente conduzida ao estado de atenção ritual.

9. O Altar Interior

Não há Heptameron eficaz sem um altar interior. O altar físico pode conter:
- Uma vela branca central
- Um crucifixo ou símbolo divino
- Uma taça com água lustral

- Um incensário
- O grimório ou texto com os selos e orações

Esses elementos não são decorativos, mas instrumentos vivos que condensam, evocam e sustentam a presença espiritual. Cada um deles tem função precisa: a vela, como centelha da alma; o símbolo divino, como âncora de intenção; a água, como canal de purificação; o incenso, como oferenda sutil; o grimório, como mapa de acesso ao invisível. Sua disposição deve seguir uma ordem intuitiva, harmoniosa e sempre respeitosa.

Mas o altar verdadeiro é a disposição interior do operador. Sentar-se diante de um altar limpo, se o coração estiver impuro, é como vestir-se de luz enquanto carrega-se escuridão no íntimo. O magista deve aproximar-se do trabalho com temor reverente, como quem pisa em terreno sagrado. Esse temor não é medo, mas reconhecimento da grandeza com a qual se entra em contato. A cada vez que o operador acende a vela, ergue a taça ou abre o grimório, está dizendo: "Estou aqui. Eis-me." E essa disposição, quando genuína, é o que transforma um simples espaço em altar e um simples gesto em sacramento.

10. Tempo, Estações e Ritmo

O Heptameron é um grimório profundamente conectado aos ciclos da natureza, às horas planetárias e às estações do ano. Por isso, o operador deve aprender a:

- Observar o dia certo: cada rito está associado a um dia da semana e a um regente celeste. Essa correspondência não é arbitrária: ela reflete uma harmonia profunda entre os movimentos astrais e as qualidades espirituais evocadas em cada operação. Por exemplo, os ritos de segunda-feira, sob a regência da Lua, favorecem o trabalho com intuição, memórias e revelações ocultas. Já os ritos de quinta-feira, sob Júpiter, são ideais para invocar sabedoria, expansão e justiça. Escolher o dia correto é alinhar-se com o fluxo cósmico e permitir que ele atue a favor do rito, não contra ele.

• Escolher a hora mágica correta: utilizando tabelas astrológicas, aplicativos de horas planetárias ou cálculos manuais. Cada dia contém sete ciclos planetários que se sucedem segundo uma ordem fixa, e cada hora carrega a assinatura vibracional do planeta que a rege. Iniciar um ritual na hora de Marte, por exemplo, imprime vigor e intensidade à operação, enquanto a hora de Vênus favorece harmonia e conciliação. Ao identificar com precisão a hora adequada, o operador cria um campo temporal coeso, onde a presença espiritual evocada encontra ressonância e acolhimento.

• Atentar-se à estação do ano, pois o grimório menciona que alguns nomes e sigilos variam com as estações. As forças celestes não se manifestam da mesma forma em todas as épocas do ano. O verão carrega uma energia expansiva e solar; o inverno, um recolhimento propício à introspecção e purificação. A primavera renova, o outono desvela o que precisa morrer. Cada estação molda o pano de fundo invisível sobre o qual o rito será inscrito. Um operador atento poderá observar como certos símbolos se revelam com mais clareza em determinados meses, como sonhos e sinais se intensificam segundo o ciclo da Terra. Essa escuta cíclica transforma o operador em um leitor do tempo, e não apenas de palavras.

• Sincronizar-se com a Lua: fases lunares influenciam a energia do rito (a Lua crescente favorece expansão; a minguante, limpeza). A Lua atua como ponte entre o visível e o invisível, entre o mundo físico e o mundo anímico. Sua presença, ainda que silenciosa, afeta diretamente a eficácia das operações. A Lua nova é ideal para plantar novas intenções; a cheia, para consagrações e revelações. Durante a Lua minguante, práticas de banimento, liberação e purificação ganham potência. O iniciado que observa a Lua com regularidade torna-se, pouco a pouco, íntimo do ritmo da alma — e o rito torna-se mais do que um evento isolado: torna-se parte de uma dança entre céu, terra e espírito.

O operador se torna um "sacerdote do tempo", não alguém que luta contra ele. Essa sacerdotalidade do tempo não exige conhecimento astrológico avançado, mas atenção e respeito. Cada escolha temporal é um gesto de alinhamento com algo maior, uma forma de dizer: "eu não comando, eu coopero". E é nesse gesto que a magia verdadeira floresce — não como imposição da vontade, mas como co-criação com os ritmos eternos.

11. Diálogo com o Invisível

Ao preparar-se com seriedade, o leitor começa a perceber que o rito não é apenas sobre ver ou ouvir anjos — mas sobre aprender a escutá-los com o coração. O invisível fala em sutilezas: um sonho, uma intuição, uma mudança interna após o rito.

Essa escuta não se dá por meio da curiosidade, mas da presença. O verdadeiro diálogo com o invisível é construído em silêncio, humildade e persistência. Ele não é imediato nem espetacular. Ao contrário, manifesta-se aos poucos, como um perfume sutil que só se nota quando o corpo se aquieta. O iniciado atento perceberá que certos pensamentos se tornam mais claros após uma invocação, que decisões antes confusas passam a se iluminar com discernimento espontâneo. São essas pequenas irrupções de sentido que constituem a linguagem do mundo espiritual.

O invisível, por sua natureza, não se impõe. Ele se insinua. E para percebê-lo, é necessário afinar-se a uma escuta que vai além dos sentidos físicos. Esse afinamento é o que os antigos chamavam de vis contemplativa — a capacidade de contemplar, não com os olhos, mas com o centro do ser. Desenvolver essa faculdade exige tempo, paciência e um coração desarmado. O iniciado deve abandonar a expectativa de resultados imediatos e aprender a valorizar os sinais discretos: uma imagem que se repete em sonhos, uma emoção que se eleva subitamente durante uma oração, uma palavra ouvida por acaso que responde a uma dúvida íntima.

Com o tempo, essa escuta torna-se um estado permanente. O operador passa a viver em estado de escuta ritual, mesmo fora do espaço ritual. A fronteira entre rito e vida começa a desaparecer. E é nesse momento que a magia se torna real: quando o invisível deixa de ser um evento e passa a ser uma presença constante, uma pedagogia viva que instrui, corrige e sustenta.

12. Compromisso com o Caminho

A preparação não termina após um ritual. Ela se estende para a vida. Um operador que realiza o Heptameron torna-se, de certo modo, guardião de uma via. Isso implica:

• Registrar suas experiências: criar um diário mágico detalhado. Anotar não apenas o que se fez, mas como se sentiu, que imagens surgiram, quais resistências internas se manifestaram. O diário não é uma simples crônica dos atos rituais — é um espelho da jornada interior. Com o tempo, esse registro se torna uma ferramenta de autoconhecimento e de refinamento espiritual. Ele permite que o operador reconheça padrões, compreenda ciclos e perceba sua própria evolução com lucidez.

• Refletir sobre os resultados com humildade: o silêncio após o rito também comunica. Evitar a ansiedade por manifestações visíveis e aprender a acolher o que vem — ou o que não vem — com espírito de escuta. Às vezes, o que não acontece é tão significativo quanto o que acontece. O vazio aparente pode ser um tempo de gestação invisível, onde forças profundas se reorganizam antes de emergirem à consciência. O iniciado deve aprender a esperar, sem passividade, mas com atenção e confiança.

• Manter viva a chama do altar interior, com práticas regulares, mesmo que simples. Acender uma vela, recitar um salmo, entrar em silêncio por alguns minutos — cada gesto diário é um tijolo que sustenta a ponte entre os mundos. A constância é o que fortalece o canal. E quanto mais o operador se entrega a essa constância, mais o invisível responde com presença. Não há necessidade de grandes ritos constantes: o que se pede é verdade, continuidade e reverência.

Essa continuidade é o que transforma um curioso em um iniciado verdadeiro. O curioso busca efeitos; o iniciado busca transformação. O curioso deseja controlar; o iniciado deseja servir. E é essa diferença de postura que determina o grau de abertura que o invisível concederá. O caminho do Heptameron não é um caminho de espetáculos, mas de consagração. E a consagração não é um ato, mas uma vida inteira.

A preparação não é uma etapa isolada. Ela inaugura um modo de ser. Quando o corpo se purifica, a mente silencia e o espírito se orienta à verdade, forma-se um campo onde o invisível pode agir com liberdade. O círculo, então, deixa de ser apenas desenho no chão e torna-se passagem real. É nesse estado de alinhamento interior que a teofania se torna possível — não como espetáculo, mas como revelação silenciosa.

A escada da conjuração é feita de gestos repetidos com reverência, de palavras proferidas com alma, de escolhas cotidianas que consagram o ordinário. E a magia verdadeira, longe de fórmulas prontas, é esse compromisso contínuo com a inteireza. A partir do momento em que esse compromisso é firmado, cada ação se enche de significado, cada silêncio se torna fértil, e cada ritual, um espelho do sagrado que pulsa no centro do ser.

Agora, os instrumentos externos podem ser modelados. Mas que não se esqueça: nenhum deles será eficaz se o operador não tiver, primeiro, modelado a si mesmo. Pois é no interior do iniciado que o verdadeiro templo se ergue — e é lá que os anjos primeiro respondem.

# Capítulo 3
# Os Três Círculos Mágicos

Se a preparação interior constitui o alicerce espiritual do operador, o desenho dos círculos mágicos é o alicerce visível sobre o qual repousará todo o rito. No Heptameron, o círculo não é apenas um limite sagrado — é uma mandala viva que organiza a realidade invisível em torno do operador, criando um espaço-tempo consagrado onde os mundos se encontram. Este capítulo é dedicado à construção meticulosa dos três círculos mágicos: suas proporções, simbolismos, nomes sagrados e disposições exatas. Aqui, a prática começa a se materializar.

Cada traço desenhado no chão não é mero ornamento, mas sim uma chave que abre portais entre esferas distintas do ser. A geometria desses círculos, com suas proporções rigorosas e camadas concêntricas, reflete uma visão de mundo ordenada, onde o caos é contido e a harmonia é restaurada. O círculo não é estático — é um organismo vivo, pulsante, que responde à intenção, à devoção e ao conhecimento daquele que o traça. Quando os três círculos estão completos, entrelaçando o humano, o angélico e o elemental, forma-se um campo de operação onde as leis ordinárias da matéria cedem espaço às leis superiores do espírito.

A disposição tripla — interna, média e externa — espelha o próprio ser humano em sua divisão tradicional de espírito, alma e corpo. Cada círculo cumpre uma função específica, mas todos colaboram entre si para instaurar uma realidade liminar, onde o tempo ritual se impõe sobre o tempo cronológico. O operador, ao entrar neste espaço, não está apenas protegido: está reposicionado no centro de uma cosmologia mágica que se estrutura em torno dele. O círculo interno é o altar do coração; o círculo do meio, a mente celeste que calcula e ordena; o círculo externo, os limites e os guardiões do limiar.

A execução correta dos círculos exige não apenas precisão geométrica, mas também consciência plena de seu simbolismo. Um erro de inscrição, uma inversão de nomes, um deslocamento nas direções pode comprometer a integridade do campo mágico, afetando sua eficácia e sua segurança. Por isso, a construção dos círculos deve ser lenta, deliberada e meditativa, como uma oração desenhada com o corpo. O ato de desenhar torna-se ele mesmo um rito, onde cada nome escrito é um chamado, cada linha um fecho simbólico, cada símbolo uma âncora entre os planos.

Além disso, os materiais usados para desenhar os círculos não são neutros. O giz, a farinha, o carvão ou o tecido consagrado funcionam como suportes simbólicos com propriedades específicas: o giz, por exemplo, representa o elemento ar e é facilmente apagado, o que o torna adequado para ritos efêmeros; a farinha, ligada à terra e à pureza, evoca a sacralidade dos grãos e da nutrição espiritual; o tecido consagrado, por sua durabilidade, reflete a intenção de continuidade, servindo como relicário simbólico do templo portátil. Escolher o material certo é parte do ato mágico e deve ser feito com discernimento.

O posicionamento dos círculos também deve respeitar os fluxos energéticos do espaço. Idealmente, o centro do círculo interno deve coincidir com um ponto de silêncio e equilíbrio do ambiente — um ponto de nódulo energético, se possível. O alinhamento com os pontos cardeais, feito com auxílio de bússola, não é mero capricho técnico: ele reflete a ordenação do espaço mágico com as direções cósmicas e com as forças arquetípicas que cada direção representa. O leste, por exemplo, é a aurora e o início; o sul, o fogo e a ação; o oeste, o crepúsculo e o recolhimento; o norte, o mistério e a introspecção.

Traçar os três círculos é, portanto, muito mais do que preparar o palco para uma operação espiritual. É inscrever no mundo físico uma imagem viva da realidade oculta. É dizer, com atos silenciosos: aqui se ergue um templo. Aqui se abre uma passagem. Aqui, no entrelaçamento de nomes sagrados, de proporções precisas e de intenções puras, a magia se faz corpo. O operador, ao caminhar sobre esse traçado, deve sentir não o peso do ritual, mas a leveza de estar em harmonia com a ordem invisível. Pois quem compreende o círculo não o teme — reverencia-o. E quem o traça com retidão, com coragem e com humildade, verá o invisível responder.

1. A Função do Círculo na Tradição Mágica

Desde as mais antigas tradições, o círculo representa a totalidade, a unidade, a proteção e o sagrado. Ele é o limite que separa o profano do consagrado. No Heptameron, essa estrutura é tripla — três círculos concêntricos — e cada camada cumpre uma função específica. O círculo é o corpo do templo portátil do operador. Dentro dele, nada pode ser feito de forma profana. É um espaço onde os nomes divinos circulam, as forças celestes se organizam e o operador é elevado a um estado litúrgico.

Mais do que uma simples forma geométrica, o círculo é uma realidade espiritual condensada em traço visível. Em diversas culturas antigas — da Grécia aos povos semíticos, dos druidas celtas aos sacerdotes egípcios — o círculo aparece como o símbolo primordial do cosmos ordenado. Ele representa o ventre da criação, o olho do divino, o campo onde se processam as transmutações sagradas. Ao ser traçado ritualmente, o círculo recria o mundo desde seu centro, restaurando a conexão perdida entre o plano humano e as esferas superiores.

Na tradição mágica ocidental, o círculo é simultaneamente proteção e convocação. Ele protege o operador das influências que não foram chamadas e, ao mesmo tempo, delimita o espaço onde as inteligências invocadas podem manifestar-se com segurança e direção. Ao contrário do que alguns supõem, o círculo não serve apenas para "conter" forças, mas para organizá-las harmonicamente. Ele é uma matriz vibratória que regula a entrada e a permanência das energias espirituais. No interior dessa forma, o caos é banido, e a ordem superior é instaurada.

A triplicidade do círculo no Heptameron não é arbitrária. Cada camada representa um grau de densidade espiritual, uma instância da hierarquia celeste e um modo distinto de interação com o sagrado. O círculo interno é o microcosmo do operador, onde sua alma se alinha ao divino. O círculo do meio é o domínio do movimento celeste, onde o tempo, os planetas, os anjos e os ritmos astrais se inscrevem. O círculo externo, por sua vez, é a muralha simbólica que filtra e orienta os influxos do plano elemental — especialmente os espíritos do ar, mensageiros entre mundos.

Essa estrutura concêntrica reproduz também o conceito antigo de templo ideal: núcleo sagrado, nave ritual e pórtico liminar. Assim como no tabernáculo hebraico havia o Santo dos Santos, o Santo Lugar e o Átrio, aqui também há graus de santidade e funções distintas. Entrar no primeiro círculo é como adentrar o coração do templo — e cada passo além do limiar representa uma mudança de estado interior. O círculo transforma o espaço ordinário em solo sagrado, e o operador em sacerdote de uma liturgia invisível.

É essencial compreender que o círculo não possui poder em si mesmo. Ele é um receptáculo, uma forma preparada para conter aquilo que o operador é capaz de atrair por sua intenção, sua pureza e sua disciplina. Um círculo traçado mecanicamente, sem consciência ou reverência, é apenas um desenho no chão. Mas um círculo traçado com devoção, conhecimento e alinhamento interior torna-se um campo de manifestação real — uma ponte entre o céu e a terra.

Por isso, muitos textos tradicionais insistem que o operador jamais pise dentro do círculo sem preparação. Não se trata de superstição, mas de respeito ao campo sutil que ali se estabelece. O círculo é, por assim dizer, um espelho que reflete o estado do operador. Se este estiver centrado, o círculo funcionará como instrumento de elevação; se estiver disperso ou impuro, o círculo poderá refletir essa desordem, atraindo forças igualmente desordenadas.

Em última instância, o círculo mágico é uma pedagogia do sagrado. Ele ensina, silenciosamente, que há um tempo e um espaço para o mistério. Que há limites que não se cruzam impunemente. Que o invisível exige forma, e que a forma exige sacralidade. O círculo convida à presença plena, à humildade diante do mistério e ao reencontro com uma ordem maior. Dentro de seus contornos, o operador não está só: está em companhia de inteligências ancestrais, de forças cósmicas e de uma verdade que não se diz, mas se vive.

2. Considerações Práticas Iniciais

Antes de traçar os círculos, o operador deve garantir:

3. Ambiente apropriado: Escolha um local plano, limpo e silencioso, onde seja possível manter concentração sem risco de interrupções externas. Esse espaço deve ser previamente preparado, tanto fisicamente quanto energeticamente, com varredura ritual ou defumação, se necessário.

4. Materiais de traçado: Providencie giz branco, carvão vegetal, farinha consagrada ou uma vara de ritual com ponta fina. Caso prefira um suporte móvel e reutilizável, utilize um pano branco liso de algodão ou linho, que deverá ser consagrado previamente com orações e incensos apropriados.

5. Instrumentos de precisão: Tenha à mão uma bússola bem calibrada, que servirá para identificar com exatidão os pontos cardeais. Também será necessário dispor de uma fita métrica longa ou um barbante fixado em um pino central para traçar os arcos com simetria perfeita. Pequenos pesos ou pedras podem ser usados para manter a estabilidade do cordão ao desenhar.

6. Referências rituais: Tenha consigo o grimório ou o texto-base contendo os nomes sagrados, as fórmulas e os selos a serem utilizados. Os nomes devem estar claramente dispostos em uma sequência organizada para evitar erros durante a inscrição. O operador deve familiarizar-se com cada nome antes de escrevê-lo, compreendendo minimamente seu significado e função espiritual.

7. Roupas e estado do operador: Recomenda-se que o operador esteja vestido com túnica branca ou escura (conforme tradição seguida), de tecido natural e sem símbolos seculares. O corpo deve estar purificado por banho ritual ou abstinência apropriada. O estado de espírito deve ser sereno, recolhido e consciente da seriedade do que se realizará.

8. Marcação e rascunho: Antes de fazer o desenho definitivo, pode-se marcar levemente os limites de cada círculo com pequenos pontos de referência,

assegurando que todos os traçados manterão as proporções exatas. Isso é especialmente útil em ambientes externos, onde o solo pode oferecer irregularidades.

9. Horário adequado: A hora escolhida para a construção dos círculos deve estar alinhada com o propósito do rito. Para operações ligadas à luz, ao conhecimento ou à revelação, as horas diurnas são preferíveis. Para ritos introspectivos, de dissolução ou invocação noturna, opta-se pelas horas crepusculares ou noturnas. A escolha do momento deve considerar também a correspondência com os anjos e regentes do tempo, conforme tabelas específicas.

10. Abertura do trabalho: Antes de iniciar o traçado, é recomendável que o operador faça uma oração de consagração do espaço e um pedido de orientação aos seres superiores. Essa abertura estabelece a primeira conexão entre o espaço físico e o plano espiritual.

Agora, passemos à descrição de cada círculo.

11. O Círculo Interno: A Presença Divina

O círculo interno é o mais sagrado. É dentro dele que o operador se posiciona. Representa o núcleo da Presença Divina e é protegido por nomes sagrados e cruzes. Sua função é proteger o operador e ancorar as forças superiores invocadas.

Esse primeiro círculo é a âncora espiritual do rito, o coração silencioso do templo invisível. Traçado com precisão e reverência, ele delimita o ponto onde o espírito do operador se une ao princípio divino. Ao posicionar-se dentro desse espaço, o operador simbolicamente morre para o mundo exterior e renasce no domínio sagrado, tornando-se instrumento consciente da ação mágica.

- Instruções:

1. Diâmetro: aproximadamente 1,5 metro. Esse tamanho é suficiente para que o operador permaneça de pé, de braços estendidos lateralmente, sem ultrapassar os limites do traçado.

2. Inscrição: nos quatro quadrantes cardeais (Leste, Sul, Oeste, Norte), devem ser escritos quatro nomes divinos. Exemplo tradicional: ADONAI (Leste), ELOHIM (Sul), TETRAGRAMMATON (Oeste), EL (Norte). Os nomes devem ser escritos com grafia clara e deliberada, iniciando-se sempre pelo Leste e seguindo no sentido horário.

3. Cruz central: no exato centro do círculo, desenha-se uma cruz de braços iguais. No eixo horizontal escreve-se a palavra Alpha e no eixo vertical, Omega — símbolos do princípio e do fim, da completude do ser em Deus.

4. Símbolo de pureza: entre cada nome sagrado, uma pequena cruz é desenhada, marcando os limites entre os nomes e reforçando sua função protetora. Essas cruzes funcionam como selos sutis que amarram energeticamente os quatro pontos e impedem infiltrações psíquicas.

Esse círculo deve ser traçado por último, após os círculos externos estarem completos, mas consagrado em primeiro lugar, pois é nele que se estabelecerá o eixo do operador. Ao adentrá-lo, deve-se fazê-lo com intenção clara e coração limpo, pronunciando mentalmente um nome divino ou uma prece de abertura. Nenhum passo dentro deste círculo deve ser dado com displicência, pois ele é, por natureza, o altar vivo da operação.

12. O Círculo do Meio: A Roda dos Anjos

O círculo intermediário é o mais complexo e mais dinâmico. Nele inscrevem-se os nomes e sigilos dos anjos regentes da hora, do dia, da estação, bem como nomes celestes associados ao tempo e ao espaço. É o círculo do ritmo cósmico, onde os ciclos do céu se projetam sobre a terra e se fazem presentes no rito.

Esse círculo é, em sua essência, um relógio litúrgico vivo, uma engrenagem simbólica que traduz os movimentos dos corpos celestes em linguagem sagrada. Ao inscrever os nomes dos anjos e dos regentes do tempo, o operador não está apenas registrando informações, mas ativando um campo vibratório que alinha o rito à arquitetura do cosmos. A precisão nessa inscrição é essencial para garantir a sintonia entre o momento terrestre e os influxos espirituais correspondentes.

- Instruções:

1. Diâmetro: aproximadamente 2,5 metros. Este tamanho garante que o círculo envolva confortavelmente o círculo interno, criando espaço simbólico e vibracional para a manifestação angélica.

2. Inscrição obrigatória: a. O nome da hora atual (ex: Prima, Tércia, Nona), segundo o sistema das horas canônicas. b. O nome do Anjo da hora (consultado em tabelas específicas, como as do Heptameron). c. O nome do Anjo que governa o dia da semana (ex:

Raphael para quarta-feira). d. Os nomes dos três ministros daquele Anjo, conforme indicações do grimório. e. O nome da estação do ano vigente (Primavera, Verão, Outono, Inverno). f. Os nomes dos Espíritos regentes da estação e os presidentes que os comandam. g. A cabeça do signo zodiacal regente naquele momento, conforme data e posição solar. h. O nome tradicional da Terra associado à estação (ex: Auria, para Primavera). i. Os nomes do Sol e da Lua, representando as forças luminárias presentes no ciclo atual.

Esses nomes devem ser inscritos em ordem harmoniosa, distribuídos de forma simétrica ao redor do círculo, preferencialmente em latim ou em transliterações sagradas conforme a fonte textual utilizada. O mais importante é que o operador compreenda o significado e a função de cada nome — pois é essa consciência que dá vida aos símbolos.

Este círculo deve ser traçado com particular atenção à fluidez da escrita e à disposição estética, pois ele serve como espelho do firmamento e como mecanismo de convocação celeste. Pode-se usar traços leves para marcar previamente os pontos de inscrição, garantindo proporção e clareza visual. Após completá-lo, recomenda-se uma prece curta aos anjos do tempo, pedindo que guiem e ordenem a operação segundo as leis do céu. O Círculo do Meio é, enfim, o eixo onde o tempo espiritual encontra a terra consagrada.

### 13. O Círculo Externo: O Reino dos Espíritos do Ar

Este é o círculo mais externo, dedicado à convocação e contenção das Inteligências do Ar — espíritos que se manifestam nas quatro direções. São os guardiões do limiar entre mundos, agentes do movimento e da comunicação sutil. No Heptameron, cada dia da semana está sob a regência de um conjunto específico de espíritos do ar, cuja função é mediar entre o operador e os planos invisíveis com ordem e segurança.

Este círculo funciona como um escudo vibracional, delimitando com firmeza os contornos do espaço mágico. Sua função não é apenas defensiva, mas reguladora: ao nomear corretamente os regentes do ar, o operador estabelece um pacto tácito de presença e cooperação. Esses espíritos são convocados para testemunhar, sustentar e equilibrar o rito — jamais para dominá-lo. Eles mantêm o limiar inviolável, impedindo que energias não convidadas se manifestem dentro do templo traçado.

- Instruções:

1. Diâmetro: aproximadamente 3,5 metros. Essa medida garante que o círculo externo envolva com ampla margem os dois anteriores, estabelecendo uma zona liminar entre o mundo profano e o mundo sagrado.

2. Nos quatro cantos cardeais (Leste, Sul, Oeste, Norte), o operador deve: a. Inscrever os nomes dos Espíritos Presidentes do Ar correspondentes ao dia da operação, conforme tabela do Heptameron. b. Para cada direção, escrever o nome de um Rei do Ar (como

Oriens, Paimon, Amaymon, Egyn, etc.) e os nomes de três ministros associados a ele. Esses nomes devem ser dispostos de maneira clara, com simetria e respeito às posições cardeais.

3. Símbolos: a. Em cada um dos quatro ângulos cardeais, desenhar um pentagrama com a ponta para cima. b. As pontas dos pentagramas devem sempre estar voltadas para fora do círculo, indicando orientação celeste e atuando como espadas de luz que repelem qualquer influência adversa.

Esses pentagramas não são apenas decorativos: eles condensam em si a geometria da proteção e a invocação da ordem. Ao desenhá-los, o operador deve estar em estado de concentração plena, visualizando sua função simbólica como faróis de energia estável.

• Recomendações para a Inscrição:

1. Trabalhe sempre do leste em sentido horário, imitando o movimento do sol e seguindo o ritmo de manifestação da natureza.

2. Mantenha estado de recolhimento interior e reverência durante toda a execução. Cada nome deve ser inscrito com presença e, se possível, pronunciado em voz baixa ou mentalmente enquanto se escreve.

3. Evite qualquer forma de distração ou conversa durante a construção.

4. Para aprofundar a sacralidade do momento, ouça salmos, cantos gregorianos ou invocações em tom baixo — sons que elevam e estabilizam o campo energético.

5. Ao finalizar a inscrição do círculo externo, recite uma oração curta de selamento, como: "Que este

círculo sirva apenas à luz e à verdade, e que nenhum espírito entre que não tenha sido chamado em nome do Altíssimo."

Este terceiro círculo deve ser o primeiro a ser traçado fisicamente, pois define os limites do espaço consagrado. Mas é o último a ser ativado espiritualmente, selando a estrutura e convocando os vigilantes do ar. Uma vez completado, o templo está cercado — e o invisível, aguardando o chamado.

14. O Espaço Entre os Círculos

O espaço compreendido entre os círculos — especialmente entre o círculo interno e o círculo do meio — é uma zona de alta sensibilidade vibracional, onde ocorre a mediação entre o plano espiritual e a consciência do operador. Não se trata de um espaço vazio, mas de um campo simbólico de transição, onde a presença espiritual se projeta com mais nitidez. É ali que os anjos, espíritos e inteligências convocadas pelo rito fazem sua aproximação e, por vezes, sua manifestação. Por isso, esse espaço deve ser mantido absolutamente livre e inviolado durante toda a operação.

Nenhum objeto profano deve ser deixado nesse intervalo. Tampouco o operador ou seus auxiliares devem transitar por ele — nem antes, nem durante o rito. O simples ato de cruzar indevidamente essa zona pode provocar interferências na densidade do campo e dificultar a condensação das presenças invocadas. O ideal é que o altar, quando utilizado, seja posicionado dentro do círculo interno ou tocando levemente sua borda interna voltada para o leste, de forma que nunca invada o espaço entre os círculos. O mesmo se aplica a velas, incensários ou quaisquer instrumentos: todos devem estar ancorados dentro do círculo sagrado principal, jamais espalhados pelo limiar.

15. Círculo Temporário ou Permanente?

A escolha entre um círculo temporário e um permanente depende da natureza do trabalho mágico a ser realizado, bem como da frequência com que o operador pratica. Círculos temporários, desenhados diretamente no solo com giz, carvão ou farinha consagrada, são especialmente úteis para ritos de caráter único, que requerem alinhamento específico com determinado momento, local ou intenção. Sua efemeridade é parte de sua força: são traçados com um fim claro e desfeitos após o término do trabalho, encerrando simbolicamente a ação mágica.

Por outro lado, o círculo permanente é um objeto ritual por si só. Normalmente feito em tecido resistente, como algodão ou linho, e pintado com tinta dourada, prateada ou branca, ele permite reutilização múltipla e facilita a preparação em espaços fechados. Antes de ser utilizado, deve ser consagrado com água lustral, incensos e orações específicas, pois torna-se um receptáculo contínuo de força mágica. Quando não estiver em uso, deve ser dobrado com reverência, envolvido em pano limpo e guardado em local reservado, longe de energias vulgares. O círculo permanente assume, com o tempo, a qualidade de um objeto consagrado, acumulando em sua trama a memória vibratória de todos os ritos realizados.

Independentemente do modelo escolhido, o que confere poder ao círculo é a intenção clara e a consagração adequada. Um círculo temporário traçado com reverência pode ser mais eficaz do que um permanente negligenciado. O que importa não é a durabilidade da forma, mas a clareza do propósito que a anima.

16.  A Importância do Nome

No Heptameron — como em toda tradição mágico-teúrgica — o nome é um veículo de presença. Nomear é evocar; escrever é tornar manifesto. Cada nome sagrado, seja divino, angélico ou elemental, atua como um selo vibratório que conecta o plano visível ao invisível. O nome não é apenas uma representação simbólica: é a assinatura viva de uma inteligência espiritual.

Durante a inscrição dos nomes nos círculos, o operador deve manter mente e coração unidos ao que está escrevendo. Não se deve traçar letras mecanicamente, mas com intenção plena, pronunciando mentalmente (ou suavemente em voz baixa) cada nome. Essa vocalização sutil, mesmo que inaudível, serve como catalisador vibracional, ativando a presença do espírito designado. Escrever sem atenção é como bater à porta e virar as costas. Escrever com presença é abrir um canal e manter-se receptivo ao que se aproxima.

É por isso que os nomes não devem ser copiados de forma descuidada. O operador deve conhecê-los, saber seu significado, sua origem, sua função. Ao compreender o nome, torna-se digno de escrevê-lo. E ao escrevê-lo com reverência, torna-se capaz de convocar aquilo que ele representa. Essa é a arte silenciosa da evocação. O nome é o primeiro passo da manifestação.

É a vibração inicial do rito. É o sopro que desperta o invisível.

O operador que desenha seus círculos está, na verdade, arquitetando um templo invisível. Cada linha traçada é como uma viga de luz que sustenta um edifício etéreo, invisível aos olhos, mas tangível ao espírito. Ao inscrever um nome, está-se esculpindo um selo no tecido sutil da realidade, abrindo uma frequência que reverbera entre os planos. Os símbolos desenhados não são apenas ornamentos: são circuitos de energia, pontos de contato entre o mundo manifesto e as esferas superiores. Tudo nesse processo — o gesto da mão, a escolha da direção, a cadência da respiração — compõe uma coreografia silenciosa de alinhamento entre microcosmo e macrocosmo.

Esses três círculos não devem ser entendidos como fronteiras arbitrárias, mas como órbitas concêntricas de uma liturgia viva. Cada camada aprofunda o grau de consagração do espaço. O primeiro círculo ancora a centelha divina dentro do operador, estabelecendo o altar de sua presença. O segundo organiza o tempo celeste e os influxos angélicos em torno do eixo central. O terceiro delimita os contornos do templo, filtra os acessos e evoca os guardiões do limiar. Juntos, eles criam uma câmara vibratória onde o impossível se torna possível, onde o rito deixa de ser metáfora e torna-se evento.

Ao cruzar o limiar do primeiro círculo, o operador renuncia à dispersão do mundo externo e assume sua condição sacerdotal, tornando-se ponte entre os mundos. Ao completar o terceiro círculo, o ambiente deixa de ser um lugar comum e passa a ser um território consagrado, separado do tempo ordinário, sintonizado com a frequência do rito. Nesse momento, o espaço não é mais apenas geográfico — é cosmológico. E o operador, não mais um indivíduo isolado, mas um centro vivo de convergência entre o humano e o divino.

Este templo não é fixo, não tem paredes nem telhado. Mas onde quer que os círculos sejam traçados com retidão, pureza e intenção clara, ali ele se erguerá — invisível aos olhos, mas perceptível ao espírito. Pois a verdadeira arquitetura mágica não é feita de pedra, mas de intenção, de silêncio e de nome. Dentro desse templo, o operador não invoca à força, mas convida com reverência. E aquilo que responde ao chamado reconhece, na precisão do traço e na clareza do gesto, a presença de alguém que sabe o que faz. É assim que o invisível se manifesta. É assim que a magia começa.

# Capítulo 4
# Ferramentas Do Operador

O rito mágico descrito no Heptameron não é uma experiência simbólica apenas interior: ele demanda preparação externa, instrumentos específicos e um compromisso visível com o sagrado. Neste capítulo, detalharemos as ferramentas necessárias ao operador, tanto as que compõem seu altar quanto as que acompanham seu corpo. Cada objeto aqui descrito é mais do que um acessório: é uma extensão ritual da vontade espiritual. A correta preparação, consagração e utilização dessas ferramentas são essenciais para garantir a integridade e a eficácia da prática.

Esses instrumentos não apenas delimitam o espaço sacro, como também servem como âncoras para a consciência mágica, ajudando o operador a manter a presença espiritual exigida durante o rito. A escolha de cada ferramenta deve ser feita com discernimento e dedicação, pois elas são mais do que utensílios físicos — são receptáculos vivos da energia invocada. Não é raro que, com o tempo, esses objetos passem a carregar uma presença própria, tornem-se impregnados das forças evocadas, assumindo um papel quase oracular na vida do magista.

Da madeira do bastão à fibra do linho da veste, tudo deve ser selecionado com intenção. Os materiais naturais são preferidos, pois ressoam mais facilmente com os princípios elementares. O ato de confeccionar ou adaptar pessoalmente seus instrumentos, quando possível, reforça a ligação entre o operador e os mundos invisíveis. Essa preparação material é um gesto devocional que antecede o rito propriamente dito, marcando o tempo da espera, da purificação e da escuta. Trata-se de um processo alquímico silencioso, no qual o próprio operador vai se tornando ferramenta. Manusear com reverência cada objeto — limpá-lo, envolvê-lo, posicioná-lo — é já iniciar o rito, mesmo antes de qualquer palavra ser pronunciada. Nenhum detalhe deve ser negligenciado: a posição da vela, a ordem das orações, a textura do tecido, o perfume do incenso — tudo comunica com o invisível.

Esses objetos não funcionam de maneira isolada; eles compõem uma orquestra simbólica onde cada elemento precisa estar em harmonia. Quando um instrumento está fora do lugar ou mal preparado, pode comprometer a fluidez do rito ou atrair influências indesejadas.

Por isso, o magista não deve apenas conhecer as propriedades rituais de cada item, mas desenvolver com eles uma relação viva e contínua, como quem cultiva um jardim sagrado. Ao fim de cada trabalho, não basta apenas guardar os instrumentos: é necessário agradecer-lhes, limpar suas energias e devolvê-los ao repouso sagrado. A manutenção constante desses vínculos — por meio de preces, unções, fumigações e silêncios — transforma o acervo ritual em um verdadeiro corpo espiritual.

Nesse corpo, cada ferramenta é como um órgão sensível, conectado ao sopro do espírito. Desse modo, o operador passa a habitar não apenas o espaço físico do rito, mas uma geografia sutil onde tudo se torna sinal. Cultivar essa presença, esse cuidado meticuloso e amoroso, é parte essencial da tradição mágica preservada no Heptameron.

- A Natureza Sagrada das Ferramentas

Em magia cerimonial, todo instrumento é um ponto de contato entre o mundo visível e o invisível, uma ponte que permite ao operador transitar com consciência entre as dimensões do rito. Esses objetos não têm valor apenas por sua forma física ou beleza, mas pelo papel que desempenham como veículos da intenção espiritual. Ao serem manejados, não agem por si mesmos: tornam-se condutores da vontade consagrada.

Cada ferramenta deve ser tratada como uma presença em si, algo vivo e receptivo. Há uma sacralidade que emana não do objeto em estado bruto, mas do vínculo que se estabelece entre ele e o magista. É por isso que a familiarização com cada instrumento não deve ser apressada. O operador precisa desenvolver uma sensibilidade refinada à sua energia, compreendendo o que desperta nele e como responde aos diversos tipos de ritual. Esse reconhecimento mútuo entre objeto e operador é o que possibilita o pleno florescimento de sua função mágica.

Ao adquirir ou confeccionar uma ferramenta, deve-se observar não apenas o material e a forma, mas também o momento e a intenção que permeiam sua origem. Itens obtidos com pressa, descuido ou por vaidade ritual tendem a não se integrar harmoniosamente à prática. O ideal é que o instrumento nasça de um processo de escuta e necessidade interior, e não de mera imitação ou acúmulo. É preferível ter poucas ferramentas, mas impregnadas de sentido, do que muitas destituídas de alma.

O zelo cotidiano com esses objetos — limpá-los, protegê-los, ungí-los, envolvê-los em panos puros — é parte do próprio exercício espiritual. Não se trata de superstição ou preciosismo, mas de respeito por aquilo que se torna um espelho da própria alma em trabalho. Os instrumentos absorvem e refletem os estados internos do operador; tornam-se extensões de seu campo energético. Por isso, não devem ser manipulados por terceiros, mesmo bem-intencionados, pois carregam a marca única do vínculo com quem os consagrou.

Quando não estão em uso, as ferramentas devem repousar em local reservado, longe de olhares curiosos e da banalidade cotidiana. Esse espaço consagrado funciona como um santuário em miniatura, onde a energia dos ritos anteriores permanece viva e latente. A simples presença desses objetos no ambiente já influencia a atmosfera espiritual do local, servindo como lembrete silencioso da vocação mágica do operador.

É também importante compreender que os instrumentos não possuem poder autônomo. Eles não são talismãs automáticos, mas meios. Seu poder está condicionado à clareza, pureza e firmeza da vontade daquele que os usa. Em mãos despreparadas, tornam-se inertes ou, pior, pontos de dissonância energética. Mas quando tratados com reverência e ativados com intenção justa, operam como verdadeiras chaves entre mundos.

Ao longo do tempo, os instrumentos podem ganhar nomes, respostas sutis, e até desenvolver o que alguns magistas descrevem como "personalidade vibratória". Esse fenômeno, embora misterioso, é um testemunho da profundidade do vínculo entre operador e ferramenta. Nesse sentido, manter um diário de uso — onde se registra as reações, sensações e resultados obtidos com cada objeto — pode ser um recurso valioso para aprofundar a escuta mágica.

Portanto, antes mesmo da consagração formal, que será tratada em detalhes adiante, já existe um processo iniciático em curso: aquele que envolve o cuidado, a escuta e a dedicação do operador às suas ferramentas. Respeitá-las é respeitar o próprio caminho espiritual. Reconhecer sua sacralidade é reconhecer a sacralidade do ofício que se abraça. E honrar seu silêncio é preparar o terreno para que a Palavra do rito possa ecoar com verdade.

- A Veste Ritual

A veste ritual é o primeiro invólucro simbólico da separação entre o cotidiano e o sagrado. Representa, em sua essência, pureza, neutralidade e a consagração do corpo ao serviço espiritual. Ao colocá-la, o operador não apenas se prepara externamente, mas realinha seu estado interno com a função sacerdotal que está prestes a desempenhar.

- Cor e material: tradicionalmente branca, a túnica é feita de algodão ou linho, tecidos naturais que não retêm impurezas sutis e favorecem a circulação energética. O branco simboliza não apenas a luz, mas também a transparência da intenção e a limpeza do campo vibratório, funcionando como um espelho da alma disposta ao trabalho espiritual.

• Modelo: deve ser longa, alcançando os tornozelos, com mangas compridas e sem qualquer tipo de adorno mundano. Quando bordada, a cruz — se presente — deve ser pequena e discreta, situada no peito ou nas costas, marcando os centros sutis do coração e da coluna, como signos silenciosos de orientação e entrega.

• Uso exclusivo: a túnica não pode ser usada fora do espaço ritual. Após cada rito, deve ser cuidadosamente retirada, dobrada com atenção e guardada em local reservado, longe de olhares profanos. Envolvê-la em tecido branco protege sua vibração. Antes e depois do uso, recomenda-se aspergi-la com água benta, em sinal de respeito pelo papel que ela cumpre.

• Consagração: antes de ser usada pela primeira vez, deve passar por uma consagração ritual. Isso inclui sua defumação com incenso apropriado — como olíbano ou sândalo — e a recitação de orações dedicadas à luz divina. Esse processo não apenas purifica o tecido, mas o investe de uma função espiritual que transcende sua aparência.

Vestir essa túnica é um ato de passagem. Ao fazê-lo, o operador deixa para trás suas identidades ordinárias e assume a função sagrada de mediador entre mundos. Não se trata de uma vestimenta simbólica, mas de um verdadeiro revestimento da alma.

- O Bastão ou Vara Ritual

Símbolo da autoridade espiritual e da direção da vontade, o bastão é uma das ferramentas mais importantes do arsenal cerimonial. Ele não apenas representa o poder do operador, mas atua como prolongamento direto de sua intenção ritual. É com ele que se desenham os limites do espaço sagrado, que se traçam os círculos de proteção, que se evocam as forças e se imprimem no ar as fórmulas ocultas.

- Material: idealmente confeccionado com madeira natural — como oliveira, carvalho ou nogueira —, o bastão carrega em sua fibra a memória viva do elemento vegetal, seu ciclo e sua força telúrica. A escolha da madeira deve respeitar a ressonância entre sua energia e a intenção do operador. Em alguns casos, pode-se utilizar o cobre, metal que simboliza a condução energética e a comunicação entre planos.

- Tamanho: recomenda-se que o bastão tenha entre 40 e 60 centímetros, o suficiente para ser manuseado com precisão sem se tornar um objeto ostensivo. Seu comprimento deve corresponder ao raio de ação da vontade do magista, de modo que o gesto que o empunha contenha firmeza e leveza.

- Forma: sua extremidade pode ser entalhada, com símbolos que remetam ao trabalho espiritual do operador, ou adornada com uma pedra sagrada — como ametista, quartzo ou obsidiana — que sirva de foco energético. O restante deve ser liso, com textura natural ou levemente polida, evitando excessos que dispersariam a atenção.

- Inscrições: é comum gravar sobre sua superfície nomes divinos, selos pessoais ou o nome do arcanjo regente do dia do rito. Essas inscrições devem ser feitas com reverência, em momento propício, e nunca por vaidade decorativa. São marcas vibracionais que ampliam o poder de condução do bastão.
- Uso: seu uso é múltiplo — traçar o círculo mágico, abençoar os elementos do altar, apontar direções durante invocações, canalizar fluxos energéticos e evocar presenças específicas. Ele age como ponte entre o invisível e o gesto consciente.

É com o bastão que o operador "escreve" o rito no espaço, como quem traça caligrafias sagradas no tecido invisível do mundo. Cada movimento deve ser executado com intenção clara, pois o bastão responde à direção da mente tanto quanto à firmeza da mão. Usá-lo é assumir a responsabilidade de comandar as forças evocadas. Ao erguê-lo, o operador não apenas dirige sua vontade: manifesta a ordem que deseja instaurar no campo ritual.

- A Espada Ritual (opcional)

A espada, embora não esteja explicitamente prescrita no Heptameron, surge como uma extensão do bastão nos ritos em que a solenidade ou a intensidade da invocação exigem um instrumento mais impositivo. Ela não substitui o bastão em sua essência simbólica, mas o amplifica em rituais de comando direto, banimentos complexos ou conjurações que lidam com forças mais densas. Seu uso, portanto, demanda maturidade espiritual e domínio do campo energético.

- Função: a principal função da espada é a delimitação energética. Com ela, o operador traça fronteiras invisíveis no espaço ritual, estabelece círculos de proteção e marca os pontos cardeais com maior intensidade. Atua também como um instrumento de comando, pela força simbólica da lâmina que corta, separa e ordena. Além disso, é utilizada em exorcismos e em práticas que requerem firme imposição da vontade sobre entidades ou influências sutis.
- Forma: a espada ritual deve ser curta e manuseável, nunca uma arma longa ou associada a combates profanos. Sua lâmina deve ser nova ou limpa de qualquer história violenta; idealmente, nunca deve ter derramado sangue. O simbolismo que ela carrega é espiritual, não bélico. O punho pode conter inscrições de proteção, como tetragramas ou selos de autoridade celeste, gravados discretamente.
- Uso: a espada pode ser empunhada com a mão dominante do operador, com movimentos precisos e cerimoniais. É comum que substitua o bastão quando o rito exige contenção rigorosa das energias ou abertura de canais mais profundos de manifestação. Seu uso requer concentração absoluta, pois ela potencializa a presença do magista, projetando sua vontade com nitidez e força.

A espada exige maior disciplina mental justamente por isso: ela não tolera dispersão. Cada gesto feito com ela reverbera com mais intensidade no campo sutil. É uma ferramenta que impõe clareza, exatidão e foco. Sua presença no altar é sinal de um rito mais elevado ou de uma operação que exige maior responsabilidade espiritual. Aquele que a empunha deve saber o que busca, por que chama e até onde está disposto a ir.

- O Turíbulo ou Vaso de Barro

Utilizado para queimar os perfumes e incensos durante os rituais, o turíbulo representa o ponto de combustão simbólica entre o mundo físico e o espiritual. É nele que o fogo consagrado se torna portador da oração, elevando-a em forma de fumaça aos planos sutis. Sua presença no altar não é decorativa, mas funcional e profundamente simbólica.

- Material: o mais tradicional é o vaso de barro novo, por sua simplicidade e conexão com o elemento Terra. No entanto, recipientes metálicos resistentes ao calor também são aceitáveis, especialmente quando utilizados com reverência e preparação adequada. O importante é que nunca tenham sido usados para fins profanos.

- Forma: deve ser simples, com abertura superior para acomodar o carvão e base firme que garanta estabilidade durante o uso. A ausência de adornos ou relevos facilita a limpeza e evita distrações visuais durante o rito.

- Uso: sobre o carvão em brasa — previamente exorcizado — deposita-se o perfume ou incenso correspondente ao dia ou ao arcanjo invocado. O operador deve fazer isso com intenção clara, geralmente acompanhando o gesto com uma oração ou invocação silenciosa. A fumaça que se eleva não é apenas fragrância: é presença, veículo e resposta.

- Simbolismo: o turíbulo sintetiza dois elementos — fogo e ar — em uma única manifestação ritual. O fogo, domado e santificado, representa a força transmutadora e o ardor da vontade espiritual. O ar, através da fumaça, expressa o sopro sagrado, o espírito em movimento, a oração que ascende.

A preparação do turíbulo deve ser feita com atenção e respeito. A escolha do carvão, a pureza do incenso e o modo como a chama é acesa influenciam diretamente na qualidade vibratória da cerimônia. O gesto de incensar — seja o altar, as ferramentas ou o próprio operador — estabelece um eixo vertical entre o visível e o invisível, entre a Terra e o Céu.

Mesmo fora do uso ritual, o turíbulo deve ser mantido limpo, livre de resíduos e guardado com os demais instrumentos sagrados. Ele é, por excelência, um condutor da oração ardente — e seu silêncio, quando repousa, ainda guarda o eco das invocações que conduziu.

- Perfumes e Incensos

Cada dia da semana possui seus perfumes próprios, alinhados à natureza vibratória do arcanjo regente. A escolha do aroma adequado não é apenas uma deferência simbólica, mas uma chave vibracional que sintoniza o espaço com o influxo espiritual daquele dia específico. O incenso atua como veículo invisível da oração, elevando os pedidos, purificando o ambiente e fortalecendo a presença invocada.

- Domingo (Miguel): olíbano, benjoim. Aromas que evocam força solar, clareza de espírito e proteção ardente.

- Segunda (Gabriel): mirra, âmbar. Perfumes lunares que abrem os canais da intuição e acolhem mensagens do inconsciente.
- Terça (Samael): enxofre, arruda. Substâncias fortes para rituais de purificação intensa e combate às influências adversas.
- Quarta (Raphael): sândalo, lavanda. Essências curativas, apaziguadoras e propícias à comunicação angelical.
- Quinta (Sachiel): canela, louro. Notas quentes e expansivas que favorecem prosperidade, justiça e equilíbrio.
- Sexta (Anael): rosa, jasmim. Perfumes venusianos que despertam beleza, harmonia e abertura afetiva.
- Sábado (Cassiel): cipreste, âmbar negro. Aromas densos, introspectivos, voltados à meditação, contenção e contato com o oculto.

Esses perfumes devem ser queimados sobre carvão consagrado no turíbulo, iniciando o processo ritual com reverência e silêncio. O operador deve, sempre que possível, fazer a escolha consciente do incenso antes do rito, sintonizando sua mente com o arcanjo do dia. Ao observar as reações do ambiente — a densidade da fumaça, sua direção, a persistência do aroma — o magista pode também perceber sinais sutis do plano invisível.

A utilização correta dos perfumes não apenas harmoniza o campo energético, mas delimita a frequência espiritual da operação. Em certos casos, a combinação de aromas pode ser ajustada para ritos mais complexos, desde que o operador esteja atento à compatibilidade simbólica dos elementos. Queimar o perfume adequado é falar a língua dos espíritos, oferecendo-lhes um caminho olfativo para que se façam presentes.

- Água Lustral (Água Benta)

Usada para purificar os círculos, os instrumentos e o próprio operador, a água lustral é o sacramento líquido da magia cerimonial. Antes de qualquer invocação ou traçado ritual, ela sela o espaço, dissolve resíduos sutis e torna fértil o terreno espiritual da prática. Seu preparo exige intenção clara e respeito à tradição.

- Preparação: a água lustral é obtida a partir da união de dois elementos fundamentais — a água pura e o sal previamente consagrado. Essa junção deve ser feita em estado de recolhimento, com o recipiente voltado para o leste ou o norte, conforme a tradição seguida. Enquanto se verte o sal na água, o operador pode entoar o Salmo 51, conhecido como "Miserere mei, Deus", pedindo a purificação do espírito e a limpeza do espaço. A oração deve ser feita com concentração e humildade, visualizando a infusão de luz na substância. A água resultante não é apenas uma mistura física, mas um veículo de poder espiritual.

- Uso: com um ramo de hissopo, buxo ou com os próprios dedos, a água lustral é aspergida ao redor do círculo mágico, sobre o altar, instrumentos e sobre o próprio corpo do operador. O gesto deve ser lento, compassado, e acompanhado mentalmente por um apelo à presença divina. Ao tocar os pontos cardeais, o operador reforça a invocação dos guardiões espirituais do espaço. O uso da água deve ocorrer antes de qualquer outra ação ritual, pois ela dissolve miasmas psíquicos, desprograma energias residuais e firma um novo campo de atuação espiritual.

• Simbolismo: a água lustral representa o batismo da matéria pela luz. Ela carrega o poder de transmutar o espaço profano em recinto sagrado, tornando possível a operação mágica com segurança e clareza. Seu uso não é apenas prático, mas simbólico: cada gota aspergida afirma a autoridade espiritual do operador e delimita, invisivelmente, a fronteira entre o mundo ordinário e o território do rito.

A água lustral, quando bem preparada e aplicada com reverência, torna-se um escudo luminoso contra interferências externas e um catalisador para a manifestação dos desígnios sagrados. O simples ato de tocá-la, sentir sua temperatura, seu aroma leve (quando perfumada com ervas consagradas), já reposiciona o espírito no eixo do sagrado. Guardada em frasco apropriado, protegida da luz solar direta e acessada apenas em contextos rituais, essa água se mantém viva e operante por longos períodos.

• Sal Consagrado

Instrumento de proteção e estabilização vibracional, o sal consagrado é um dos elementos mais antigos da prática mágica. Considerado símbolo da incorruptibilidade e da preservação, ele age como barreira espiritual contra forças caóticas e como âncora para a ordenação do espaço sagrado.

• Uso: pequenos montes de sal consagrado podem ser colocados nos quatro cantos do círculo ritual, junto aos pontos cardeais, funcionando como sentinelas vibracionais. Também pode ser traçada uma linha contínua com ele, formando um perímetro de contenção ao redor do altar ou do operador. Quando necessário, um punhado pode ser lançado sobre o fogo, a água ou outros elementos para reforçar sua estabilidade.

• Consagração: o sal deve ser exorcizado antes do uso, através de oração e imposição das mãos. Uma fórmula tradicional consiste em traçar uma cruz sobre ele, dizendo: "Exorcizo-te, criatura salis, pela luz do Deus vivo, para que te tornes sal da sabedoria e escudo da verdade, afastando todo mal e selando este lugar em nome da Luz". Em seguida, o operador pode soprar sobre o sal ou elevá-lo ao céu, oferecendo-o simbolicamente às forças superiores.

• Simbolismo: o sal representa a fixação da intenção espiritual no plano material. Ele não apenas protege, mas estabiliza. Seu poder não está em sua composição química, mas na carga simbólica que carrega ao ser ativado ritualmente. A presença do sal consagrado no espaço mágico firma um eixo de ordem e resistência às dissoluções espirituais.

Ao fim do rito, o sal que esteve em uso deve ser descartado em solo virgem ou dissolvido em água corrente, jamais reutilizado. Essa prática assegura que ele tenha cumprido integralmente sua função e que não haja acumulação de resíduos energéticos no próximo trabalho. Manuseá-lo com respeito é reconhecer seu papel de guardião invisível do equilíbrio mágico.

- Vela ou Lâmpada Ritual

A presença da luz é indispensável em todo rito mágico fundamentado no Heptameron. Ela não apenas ilumina o espaço físico, mas ativa a dimensão espiritual do altar, servindo como um farol que atrai, ordena e sustenta a manifestação das presenças invocadas.

- Cor: a vela deve ser branca, como símbolo universal de pureza e neutralidade, ou, preferencialmente, da cor correspondente ao planeta regente do dia do rito — por exemplo, dourada para o Sol (domingo), prateada para a Lua (segunda-feira), vermelha para Marte (terça-feira), verde para Mercúrio (quarta-feira), azul ou púrpura para Júpiter (quinta-feira), rosa para Vênus (sexta-feira) e preta ou violeta para Saturno (sábado). Essa correspondência reforça a sintonia vibracional do trabalho.

- Posição: a vela principal deve ocupar o centro do altar ou ser colocada diretamente à frente do operador, marcando o eixo de sua intenção. Em ritos mais elaborados, outras velas podem ser dispostas nos pontos cardeais ou ao redor do círculo, desde que alinhadas com a harmonia da operação.

- Simbolismo: a chama representa a centelha divina, o espírito vivo, a clareza da mente e a presença ativa da vontade. Ela não apenas ilumina, mas consagra. O fogo da vela é a manifestação visível da luz invisível. Sua dança silenciosa sobre o altar é lida como resposta sutil às forças invocadas.

A vela deve ser acesa com uma prece interior ou verbalizada, invocando a luz de Deus ou do arcanjo regente do dia. Sua chama jamais deve ser soprada:

apaga-se com os dedos ou com abafador próprio, sempre com reverência, agradecendo pela luz concedida. O pavio e os restos da vela devem ser tratados com respeito — nunca jogados no lixo comum, mas enterrados ou lançados à correnteza, em rito de devolução.

- O Grimório

Mais do que um livro, o grimório é uma ferramenta viva de contato com a tradição espiritual. No contexto do Heptameron, ele deve estar sempre presente no espaço ritual, funcionando como guia, testemunha e espelho da operação.

- Forma: pode ser impresso ou manuscrito, desde que mantenha a integridade dos textos e selos originais. Muitos magistas preferem copiar à mão os trechos mais utilizados, pois o ato da escrita já inicia o processo de ligação com os conteúdos.

- Tratamento: o grimório jamais deve tocar diretamente o chão. Deve repousar sobre um tecido branco, de preferência consagrado, ou sobre uma mesa ritual dedicada. Deve ser guardado em local limpo, longe de mãos profanas, e coberto quando não estiver em uso.

- Uso: durante o rito, o operador o consulta para entoar orações, evocações, invocações, fórmulas e para verificar nomes e selos dos espíritos. O simples ato de abri-lo já é um gesto mágico, que deve ser feito com atenção plena.

Tratar o grimório com devoção é reconhecer que ele contém, em si, uma condensação de sabedoria ancestral. Ele é o mapa e também o santuário. Manuseá-

lo é como tocar um fio invisível que liga o magista às gerações anteriores de buscadores da luz oculta. O grimório é mais do que instrução: é presença.
• Outros Elementos Complementares

Além dos instrumentos principais, certos elementos complementares podem ser incorporados ao rito para fortalecer a estabilidade do campo energético e favorecer a concentração espiritual do operador. Embora não sejam exigências formais, sua presença bem orientada pode amplificar a eficácia da operação e oferecer camadas adicionais de proteção, ancoragem e direção.

• Cristais de ancoragem: o uso de cristais como o quartzo branco, a ametista ou a obsidiana serve para consolidar a presença energética do espaço ritual. O quartzo branco, por sua neutralidade e poder de amplificação, harmoniza e estabiliza o ambiente. A ametista, com sua frequência mais elevada, favorece a abertura espiritual, protegendo contra perturbações astrais. Já a obsidiana, mais densa, cria uma barreira firme contra interferências externas. Esses cristais devem ser posicionados estrategicamente, como nos quatro cantos do altar ou aos pés do operador, e purificados periodicamente sob a luz da lua ou com defumação apropriada.

• Pano ritual: um tecido branco, de linho ou algodão, pode ser utilizado para cobrir o altar ou envolver os instrumentos fora do uso. Esse pano atua como uma membrana de silêncio espiritual, isolando o campo ritual da interferência profana e ajudando a preservar a vibração consagrada dos objetos. Ao fim de cada operação, ele deve ser dobrado com cuidado e guardado separadamente dos demais tecidos comuns, podendo também ser aspergido com água lustral ou incensado antes de cada utilização.

• Campainha ou sino: o som metálico da campainha ritual é usado para demarcar limiares entre fases do rito, como a abertura e o encerramento, ou ainda para atrair a atenção das presenças espirituais. Seu timbre deve ser claro, agudo e breve, de modo a perfurar as camadas sutis do espaço e ordenar simbolicamente os planos. Tocar a campainha não é mero anúncio: é gesto ritual de convocação. O operador deve manejá-la com intenção precisa, respeitando o silêncio que se segue ao seu eco como espaço de recepção espiritual.

Esses itens, embora não obrigatórios, quando integrados com sabedoria e discrição, oferecem suporte adicional à estrutura do rito. A decisão de incluí-los deve partir de uma escuta interior e do entendimento das demandas específicas de cada operação. O excesso de elementos, sem propósito claro, pode dispersar o foco. Mas quando cada adição é fruto de necessidade verdadeira, o rito floresce em sua complexidade harmônica.

• Cuidados com as Ferramentas

A manutenção das ferramentas ritualísticas é parte fundamental da disciplina mágica. Assim como o corpo deve ser purificado antes do rito, os instrumentos também exigem atenção constante, pois são extensões da intenção do operador e guardiões silenciosos do vínculo com o invisível.

- Devem ser guardadas em local limpo, longe de curiosos: o espaço onde repousam deve ser reservado exclusivamente à prática espiritual, sem circulação de pessoas não iniciadas. Pode ser uma gaveta consagrada, uma arca de madeira, ou um armário que funcione como pequeno santuário doméstico. A energia do local interfere diretamente na qualidade vibratória dos instrumentos.
- Nunca devem ser emprestadas, vendidas ou profanadas: uma ferramenta mágica carrega impressões psíquicas e espirituais do magista que a consagrou. Ao ser tocada por terceiros, mesmo sem má intenção, pode perder sua sintonia ou ser contaminada por campos alheios. Vendê-las ou utilizá-las para fins profanos quebra seu vínculo espiritual e desvirtua sua função.
- Podem ser reconsagradas ritualmente se forem quebradas ou violadas: caso uma ferramenta se quebre, seja extraviada ou profanada, o operador deve avaliar com atenção se o vínculo ainda pode ser restaurado. Em alguns casos, um rito de reconexão pode ser realizado, envolvendo purificação intensa, reconsagração e jejum simbólico. Em outros, será necessário preparar um novo instrumento desde o início, com o devido luto pelo anterior.
- Devem ser purificadas regularmente com incenso e oração: mesmo quando não utilizadas, as ferramentas acumulam ressonâncias do ambiente e exigem limpeza periódica. A defumação com olíbano, mirra ou sândalo, acompanhada por oração, restaura sua clareza vibratória. Também é possível utilizar água

lustral ou deixá-las sob a luz da lua cheia, dependendo do tipo de instrumento e da tradição seguida.

Zelar pelas ferramentas é zelar pela continuidade do caminho. O operador que cuida bem de seus instrumentos cuida, em última instância, da própria fidelidade à via espiritual que escolheu. Esses objetos, silenciosos mas atentos, guardam os ecos das palavras sagradas já pronunciadas e preparam o espaço invisível para as que ainda virão.

Quando o operador compreende que cada ferramenta não é apenas meio, mas testemunha silenciosa do sagrado, sua relação com o rito transforma-se radicalmente. A dedicação que se oferece a esses instrumentos — desde sua origem até o uso e o repouso — reflete o grau de alinhamento entre intenção e ação, entre o invisível que se busca e o visível que se manifesta. Em cada gesto de cuidado, em cada instante de silêncio ao lado de uma vela acesa ou diante de um grimório fechado, atualiza-se o pacto entre o mundo humano e o espiritual. Cultivar essa presença é reconhecer que o rito começa muito antes da primeira palavra proferida e continua vibrando muito depois de a última vela se apagar.

# Capítulo 5
# Bênção Do Círculo

No rito do Heptameron, a criação do círculo mágico é apenas o início de um processo muito mais profundo: a sua consagração. O círculo, uma vez traçado, ainda não está ativo espiritualmente. Ele é, nesse momento, apenas uma forma geométrica no espaço. O que o torna sagrado, vibrante, capaz de conter e canalizar inteligências espirituais, é a bênção. Neste capítulo, aprenderemos como transformar uma estrutura traçada com giz, carvão ou tecido em um espaço vivo de manifestação espiritual.

Ao ser traçado, o círculo delimita simbolicamente a fronteira entre os mundos. Mas essa linha, por si só, é muda. Ela precisa ser despertada, animada por um gesto que a torne permeável à presença espiritual. A bênção é esse gesto — e não apenas um, mas uma sequência encadeada de ações que têm como objetivo tornar a geometria um canal vivo da graça. Bênção, neste sentido, não é um adorno litúrgico, mas uma invocação consciente que transforma a matéria em sacramento.

Antes de ser um espaço de manifestação, o círculo é um espelho da alma do operador. Ele reflete sua disposição interna, sua ordem, sua clareza de intenção. Ao abençoá-lo, o magista também se abençoa, reafirma sua entrega ao caminho da luz e se recorda de que o sagrado começa no gesto mais simples. É por isso que cada etapa do rito de bênção deve ser feita com lentidão sagrada, atenção amorosa e reverência verdadeira.

A bênção é uma obra de arte espiritual em miniatura: começa na palavra, passa pela água, ascende na fumaça e se firma no gesto. Por isso, não se deve jamais apressá-la ou realizá-la de forma mecânica. Cada sílaba dita, cada gota aspergida, cada centelha de incenso acesa, cada cruz traçada no ar deve ser plena de presença. Pois é assim que o invisível responde: à presença.

E quando essa presença é autêntica, o círculo responde. Ele se silencia, pulsa, delimita. Torna-se útero e templo, escudo e altar. A bênção, então, deixa de ser um ato do operador e passa a ser um acontecimento entre mundos. A linha traçada no chão torna-se contorno de uma realidade mais sutil, onde apenas o que é verdadeiro pode entrar.

- O Sentido Espiritual da Bênção

A palavra "bênção", derivada do latim benedictio, carrega em si o sentido primordial de "dizer bem", ou seja, de proferir palavras carregadas de potência criadora. No contexto da magia cerimonial, essa expressão vai além do seu uso devocional habitual. A bênção do círculo é um ato que imprime ao espaço delimitado uma nova identidade: ela o retira do plano ordinário e o inscreve na geografia do sagrado. O círculo, ao ser abençoado, deixa de ser uma linha geométrica para tornar-se território inviolável, um ponto de contato entre os mundos.

Dizer bem, nesse rito, é falar com precisão, com pureza de intenção e em consonância com a vontade divina. O operador, ao pronunciar palavras de bênção, torna-se não o autor, mas o canal da ordem superior. Ele nomeia não segundo sua própria vontade, mas como quem ecoa uma verdade espiritual já existente. A bênção, portanto, é um reconhecimento: o espaço não é tomado à força, mas oferecido, santificado por presença e palavra.

Mais do que proteger, a bênção esclarece. Ela instaura uma atmosfera de lucidez espiritual no interior do círculo, criando uma clareira vibracional onde a consciência pode expandir-se sem interferências. O magista, ao executar esse rito, realiza um pacto de luz. A linha abençoada é uma fronteira simbólica e operativa: tudo o que está dentro dela se submete à ordem invocada; tudo o que está fora é mantido à distância pela integridade da intenção.

A bênção do círculo é também um gesto de humildade: o operador reconhece que não é ele quem detém o poder, mas que atua como servidor de uma ordem maior. O gesto de abençoar não é de imposição, mas de escuta. Por isso, é comum que, ao concluir o rito de consagração, muitos magistas experimentem uma sensação de leveza ou de presença ampliada — como se o espaço agora respirasse em uníssono com uma realidade mais alta.

Finalmente, a bênção consagra não apenas o espaço, mas o tempo. A partir daquele momento, o tempo dentro do círculo passa a obedecer a outra cadência — a do rito. É um tempo espiralar, simbólico, orientado por gestos e palavras que o sacralizam. O operador, ao entrar no círculo abençoado, entra em um ritmo diferente: sai do tempo profano e se inscreve na eternidade ritual.

Portanto, a bênção do círculo é simultaneamente fundação e oferenda, escudo e invocação, silêncio e palavra. Ela afirma: "aqui, o sagrado tem lugar". E essa afirmação, quando feita com verdade, é escutada.

- Os Quatro Elementos na Bênção

A bênção do círculo é uma invocação que opera por meio da harmonização dos quatro elementos fundamentais: água, fogo, ar e terra. Cada um deles participa como um vetor simbólico e energético que desperta, equilibra e consagra o espaço delimitado. Não são utilizados como meros adereços, mas como forças arquetípicas que, corretamente mobilizadas, instauram a presença espiritual.

- Água (água lustral): representa o princípio da purificação. Ao aspergir o círculo com água lustral, o operador dissolve as impurezas sutis que possam estar presentes no campo. Esse gesto simboliza um batismo do espaço, preparando-o para receber a luz. A água é memória líquida do sagrado e, ao tocar a terra, a reconsagra como altar.

- Fogo (incenso ou luz): através da chama que consome o incenso ou da luz da vela ritual, o fogo é introduzido como elemento transmutador. Ele consome o denso, eleva a oração e torna visível o invisível pela fumaça que sobe. Mais que purificar, o fogo consagra. Seu calor desperta, sua luz aclara, sua chama sela o pacto com o alto.

- Ar (verbo, respiração): o ar entra pela palavra proferida, pelo sopro consciente, pelas orações e invocações que ecoam durante o rito. Ele carrega a intenção, transmite a vontade e faz vibrar o espaço com a frequência da presença invocada. O verbo, articulado com pureza, age como espada sutil que traça fronteiras entre o profano e o sagrado.
- Terra (o próprio círculo traçado): a terra é o fundamento. O círculo, enquanto forma geométrica no chão, ancora as energias espirituais em um lugar específico. Ele é o receptáculo que acolhe e sustenta. Seu traçado firma a aliança entre o alto e o baixo, oferecendo à luz um ponto de aterramento. É na terra que os demais elementos atuam e se integram.

Quando esses quatro elementos são reunidos no rito de bênção, cria-se um campo de harmonia que espelha a ordem cósmica. Eles não atuam isoladamente, mas em ressonância mútua. Água e fogo purificam e consagram, ar e terra transmitem e sustentam. Juntos, constroem uma matriz sagrada onde o espiritual pode se manifestar com segurança e verdade. Nesse espaço, o círculo não apenas protege: ele chama. Ele não apenas delimita: ele revela. E a presença, então, responde.

- Materiais Necessários

Para realizar a bênção do círculo de modo adequado e eficaz, é indispensável que o operador disponha dos instrumentos necessários, cada um com sua função precisa no encadeamento ritual. Esses itens não são apenas ferramentas físicas: são condutores de intenção, canais de ação espiritual. Sua presença deve ser antecipadamente organizada e sua disposição ao redor do círculo pensada como parte do rito.

- Água lustral: deve ser preparada previamente com água pura e sal consagrado, ambos exorcizados por oração específica. Essa água é usada para aspergir o círculo e representa a purificação inicial do espaço, dissolvendo qualquer resíduo energético que ainda o conecte ao plano ordinário. A água, nesse contexto, é um elo entre o corpo do rito e a dimensão sutil da bênção.
- Ramo consagrado: pode ser hissopo, alecrim, arruda ou outra erva ritualmente apropriada, de preferência fresca. Utiliza-se esse ramo como instrumento de aspersão, impregnando-o de intenção purificadora. Cada folha torna-se, nesse momento, um emissário da graça que se deseja convocar.
- Incenso do dia: escolhido conforme a correspondência planetária da semana, o incenso estabelece o perfume vibracional que sintoniza o espaço com a esfera angélica desejada. Deve ser natural, preferencialmente em grãos, resinas ou misturas específicas, e não substituído por versões artificiais.
- Turíbulo com brasa: o recipiente que abriga a brasa deve ser resistente ao calor e seguro para ser manuseado em movimento. A brasa precisa estar viva antes do início do rito, permitindo que o incenso produza fumaça contínua e densa durante a defumação do círculo. A fumaça deve circular como véu entre os mundos.
- Bastão ou vara ritual: símbolo da autoridade mágica, o bastão é o prolongamento da

vontade do operador. Com ele traçam-se os sinais e cruzes durante a consagração. Deve estar previamente consagrado e só ser utilizado em contextos rituais, sendo manipulado com respeito e clareza de intenção.

• Grimório: o livro de orações e orientações deve estar aberto no texto específico da bênção, acessível ao operador sem a necessidade de deslocamentos ou distrações. Ele não é apenas um manual, mas uma âncora espiritual da tradição que está sendo encarnada no rito.

• Veste ritual: deve estar vestida desde o início, simbolizando o desprendimento das vestes profanas e a entrada na função sacerdotal. Deve estar limpa, purificada e, se possível, aspergida previamente com água lustral. Sua presença reforça o limiar entre o comum e o sagrado.

Cada um desses itens deve ser disposto com antecedência sobre o altar ou próximo ao círculo, em ordem intuitiva e prática. O operador não deve improvisar durante o rito: cada movimento deve decorrer naturalmente da preparação silenciosa e cuidadosa que o precede. Assim, o rito de bênção se torna, desde o primeiro gesto, uma expressão da ordem que ele invoca.

• O Rito da Bênção do Círculo

Abaixo está a sequência tradicional da bênção do círculo, adaptada ao operador moderno. Recomenda-se que o rito ocorra com o operador já vestido com a túnica, em estado de silêncio interior. A preparação prévia é tão essencial quanto a execução: antes de iniciar, o operador deve assegurar que todos os elementos estejam posicionados, o ambiente esteja em silêncio e sua mente, recolhida. A túnica, símbolo do ofício espiritual, deve envolver o corpo como uma pele ritual, separando o eu profano da presença sacerdotal que ali se manifesta.

- 1. Silêncio e Reverência

Inicie com uma postura de oração. De pé, fora do círculo ainda não consagrado, o operador respira profundamente, aquieta os pensamentos e estabelece sua intenção interior:

"Consagro este círculo à luz divina. Que nenhuma sombra profane este espaço. Que apenas as forças da verdade, da sabedoria e da paz habitem aqui."

Esse instante é mais do que uma introdução formal: é um limiar. O silêncio invocado não é ausência de som, mas presença ampliada. A quietude não é passividade, mas escuta. Ao silenciar-se, o operador torna-se receptáculo da intenção superior, permitindo que sua presença física, emocional e mental entre em alinhamento com o gesto sagrado que está prestes a ser iniciado. Essa reverência inicial é o sinal de que tudo dentro do rito será feito não por automatismo, mas por consciência plena.

- 2. Asperges Me Domine

Com a água lustral em uma tigela e o ramo de hissopo ou alecrim, o operador caminha lentamente ao redor do círculo em sentido horário, aspergindo gotas de água sobre as linhas do círculo enquanto recita em voz solene:

"Asperges me, Domine, hyssopo et mundabor: lavabis me, et super nivem dealbabor."

Tradução: "Aspergir-me-ás com hissopo, Senhor, e serei purificado; lavar-me-ás, e me tornarei mais branco que a neve."

Essa frase provém do Salmo 51, tradicionalmente usado em ritos de purificação. Enquanto caminha, o operador visualiza a água limpando qualquer resquício energético anterior.

Essa purificação inicial é um gesto de humildade e clarificação do campo. O operador não caminha por formalidade, mas como quem reabre uma antiga trilha sagrada. A água, consagrada e exorcizada, torna-se condutora da luz espiritual. O ramo, por sua vez, não é mero utensílio: é um emissário vegetal da intenção, um canal de bênção viva. Cada gota lançada ao solo do círculo é uma semente de pureza. O operador pode imaginar a água se expandindo em filamentos luminosos por baixo da linha traçada, como raízes sutis que dissolvem sombras e densidades.

O ritmo da caminhada deve seguir a respiração. Não há pressa. Cada passo pode ser interiormente acompanhado de uma oração silenciosa, reforçando o vínculo entre gesto e consciência. Visualizar a água lavando não apenas o chão, mas também as camadas sutis do espaço — como se estivesse limpando véus invisíveis entre os mundos — intensifica o efeito consagratório. O círculo, aos poucos, deixa de ser um desenho no chão e passa a se comportar como um campo. Há magistas que, ao realizar essa etapa com verdadeira presença, relatam uma súbita mudança na densidade do ar, uma pausa do tempo ordinário, como se o espaço respirasse com nova cadência.

Ao concluir o giro, o operador pode deter-se por um breve instante, erguendo o ramo por sobre o centro do círculo e traçando com ele uma cruz no ar. Esse gesto, embora simples, sela simbolicamente a etapa da purificação e prepara a transição para a elevação vibratória que será realizada pelo fogo do incenso. A água abriu o caminho. O círculo está agora disposto a tornar-se altar.

- 3. Defumação do Círculo

Após a aspersão, o operador acende o incenso correspondente ao dia e o deposita sobre a brasa no turíbulo. Caminha novamente ao redor do círculo, deixando que a fumaça envolva todo o perímetro traçado. Esse caminhar deve ser lento, deliberado, quase cerimonial, como se cada passo estivesse sendo dado sobre um véu entre os mundos. O movimento da fumaça, em espirais ascendentes, não é apenas físico — ele carrega, no seu rastro invisível, a intenção de elevação, de purificação superior e de consagração definitiva do espaço.

Enquanto caminha, o operador pode recitar em voz baixa, mas firme e compassada:

"Suba minha oração como incenso diante de Ti, Senhor. E seja este círculo como o altar onde Tua presença se manifesta."

Essa frase, inspirada no Salmo 141, resume a intenção da etapa: fazer com que o ambiente se torne altar, que a oração se torne ponte. A fumaça, nesse contexto, é mais do que um subproduto da combustão: é a visualização concreta da prece subindo, da matéria tornando-se espírito, do invisível ganhando forma.

Muitos magistas relatam que, nesse momento, o ar adquire outra espessura, como se o espaço estivesse sendo suavemente selado por camadas de presença sutil.

O operador deve permitir que a fumaça toque cada ponto do círculo, não apenas como marca de passagem, mas como unção aérea. Pode-se conduzi-la com a mão livre, ou com um gesto ritual usando o bastão, de modo a orientar sua ascensão. O importante é que essa fumaça percorra toda a linha traçada no chão, como se estivesse escrevendo com perfume o nome secreto do espaço. A defumação completa o trabalho da água: onde antes havia dissolução, agora há consagração e elevação.

Durante o percurso, o magista pode visualizar o círculo sendo envolto por uma película luminosa, como se a fumaça ativasse uma membrana entre os planos, transformando o perímetro físico em limite vibracional. A cada passo, a intenção é reforçada: que o fogo consagre, que a fumaça eleve, que o ar responda. Esse é o momento em que o círculo começa a emitir um tipo específico de silêncio: aquele que antecede a manifestação. É comum que, ao final da defumação, o operador sinta que o tempo desacelerou e que o ar ganhou densidade e nitidez. Há, por vezes, um sentimento de leve eletricidade estática, como se o espaço tivesse sido acordado.

Ao concluir o giro, o turíbulo pode ser depositado com reverência no altar ou sobre uma pedra no chão, deixando que a fumaça continue a subir ao longo das etapas seguintes. O fogo permanece, discreto, mas vigilante, mantendo viva a ponte entre os mundos. O círculo, agora purificado pela água e elevado pelo fogo e pelo ar, encontra-se pronto para receber os selos do verbo. O próximo passo será a consagração verbal e direcional com o bastão ritual, selando os quatro pontos cardeais e o centro como vértices do sagrado.

- Pós-Bênção: Sinais de Ativação

Após o rito de bênção, o operador pode sentir alterações sutis no ambiente — sinais silenciosos, porém inconfundíveis, de que o campo espiritual foi efetivamente despertado. Uma das manifestações mais recorrentes é a súbita sensação de leveza no ar, como se a gravidade interna do espaço tivesse diminuído. Em outras ocasiões, o oposto se apresenta: uma densidade palpável, quase como um véu invisível envolvendo o corpo, que não oprime, mas resguarda. Essa ambivalência é sinal de que o limiar entre os planos foi cruzado com êxito.

O silêncio também se adensa. Não apenas a ausência de sons externos, mas uma espécie de recolhimento sonoro no qual até a respiração parece participar de uma quietude mais profunda. É comum que, nesse estado, pensamentos desacelerem, emoções se pacifiquem e o tempo pareça suspenso. O operador sente-se dentro de um intervalo vibracional distinto, onde cada gesto adquire um peso simbólico ampliado. A mente clareia, não por esforço, mas por ressonância com a ordem invocada.

Outro sinal notável é a clara percepção da fronteira do círculo. Mesmo sem olhar para o chão, o operador sente nitidamente os limites do espaço consagrado, como se uma membrana energética houvesse sido estendida ao redor. Essa sensação de delimitação não é apenas intuitiva: para muitos, ela se apresenta como uma mudança súbita na temperatura do ar ao se aproximar da borda, ou como uma resistência sutil ao tentar cruzá-la sem intenção consciente.

Essa ativação pode também provocar um estado de atenção expandida, no qual os sentidos parecem mais despertos e o foco mental se intensifica. O olhar torna-se mais profundo, a audição mais aguçada, e a intuição, mais presente. É como se o campo vibratório estivesse agora modulando a percepção, alinhando-a ao propósito do rito. Para o operador sensível, esse estado pode se manifestar inclusive como uma percepção tátil de presenças espirituais — não como figuras, mas como inteligências sutis que começam a circular dentro da esfera sagrada.

Por isso, uma vez ativado o campo, é fundamental que o operador permaneça dentro do círculo até o término completo da operação. Sair do perímetro consagrado antes de encerrá-lo ritualmente pode romper a integridade do espaço e dissolver prematuramente a tessitura vibracional construída. Permanecer dentro é respeitar a sacralidade instaurada, é habitar o templo com consciência plena.

- Renovações e Repetições

A bênção do círculo não é um ato isolado, mas um compromisso contínuo. Sempre que o círculo for apagado, movido ou desenhado em um novo local, deve ser novamente abençoado, pois seu vínculo com a ordem espiritual é inseparável do espaço e do tempo em que foi traçado. Mesmo círculos permanentes —

tecidos, lonas, estruturas fixas — necessitam de renovação ritual a cada operação. O sagrado não é uma estrutura estática: é um estado que precisa ser constantemente convocado e alimentado.

Em rituais prolongados, que se estendem por mais de um dia, é recomendável que a bênção seja reforçada a cada nova sessão. Isso pode ser feito com a queima de novo incenso, uma breve oração de reconexão e, se necessário, um novo traçado com o bastão. A repetição da bênção não é redundância: é reafirmação do voto, é reabertura da escuta, é manutenção da aliança.

Assim como uma chama precisa ser alimentada para não se apagar, o campo consagrado do círculo precisa ser mantido vibrante pela renovação consciente do vínculo. Cada vez que a bênção é repetida com verdade, o espaço responde. Ele não se torna apenas funcional — ele se torna habitável para o espírito.

- Círculo e Ética

Ao consagrar o círculo, o operador não apenas delimita um espaço ritual, mas afirma silenciosamente sua adesão a um código de conduta espiritual. Cada traço feito no chão, cada palavra pronunciada, cada gesto executado dentro desse perímetro passa a operar sob uma ética implícita: a de que nenhuma ação ali realizada pode contrariar os princípios que fundam a luz. O círculo, uma vez abençoado, torna-se não apenas uma ferramenta mágica, mas um templo — e todo templo exige reverência, coerência e responsabilidade.

Isso significa que o operador, ao cruzar a fronteira consagrada, compromete-se não com seus desejos pessoais, mas com a verdade que ali foi invocada. A bênção, nesse contexto, é mais que uma autorização para agir: é um voto interior de integridade. Nenhum encantamento, nenhuma invocação, nenhuma petição deve ser feita dentro do círculo se não estiver alinhada com os princípios de verdade, amor e sabedoria. Qualquer desvio dessa tríade torna o ato não apenas ineficaz, mas espiritualmente perigoso, pois rompe a aliança selada no rito.

A ética do círculo exige também vigilância constante sobre as motivações. O magista é convidado a examinar, antes de qualquer operação, se sua intenção brota de um centro luminoso ou de impulsos egoicos disfarçados de busca espiritual. A consagração do círculo não purifica apenas o espaço: ela ilumina as intenções. E tudo o que não pode sustentar essa luz deve ser deixado do lado de fora. É por isso que muitos operadores fazem uma oração de humildade ou uma confissão silenciosa antes de cruzar a linha sagrada: não por superstição, mas por honestidade.

Operações feitas em círculos não consagrados — ou consagrados de forma superficial, apressada, sem presença — tornam-se instáveis, fragmentadas, por vezes até energeticamente corrosivas. A ausência de bênção não significa neutralidade: significa exposição. Significa que o operador está navegando um território simbólico profundo sem as salvaguardas que o rito deveria fornecer. Por isso, jamais se deve iniciar qualquer prática sem o gesto da bênção. Ela não é um detalhe opcional: é a fundação.

Bênção e ética, portanto, são inseparáveis. A bênção sela a intenção, e a intenção, por sua vez, deve ser sustentada por uma vida que a respalde. O círculo torna-se altar não porque foi traçado, mas porque é habitado com consciência. E essa consciência deve perdurar mesmo após o fim do rito, como uma centelha que continua a brilhar no cotidiano do operador. Agir fora do círculo com a mesma verdade com que se age dentro dele — eis o verdadeiro propósito da prática.

A cada novo traçado, a cada nova bênção, o operador é lembrado: o poder espiritual não é um direito, é uma concessão. E essa concessão só permanece viva na medida em que for tratada com respeito, devoção e retidão interior. Assim, o círculo deixa de ser apenas uma técnica e se torna um caminho. Um caminho onde cada passo, ainda que silencioso, é escutado. Onde cada gesto, ainda que pequeno, é registrado. E onde a presença divina, uma vez chamada com verdade, nunca mais se retira inteiramente.

A partir do momento em que o círculo é abençoado com sinceridade e precisão, ele deixa de ser apenas um suporte técnico para se tornar um campo vivo de escuta, resposta e transformação. O operador, então, já não atua apenas como um executante de fórmulas: torna-se guardião de um território onde a presença espiritual se manifesta segundo a verdade invocada. Habitar esse espaço consagrado é, em si, um exercício de vigilância interior e de alinhamento com o mais elevado. É nesse silêncio tecido por elementos, palavras e intenções que o mistério começa a sussurrar — e o círculo, antes apenas traço no chão, passa a ser um lugar onde o invisível se revela.

# Capítulo 6
# Bênção Dos Perfumes

Os perfumes, no contexto do Heptameron, não são meras fragrâncias decorativas ou aditivos sensoriais; são instrumentos litúrgicos de altíssimo valor simbólico e funcional. Sua função transcende o físico: eles traduzem o invisível em presença tangível. Quando o operador deposita os grãos de resina ou folhas secas sobre a brasa incandescente, não está apenas iniciando um processo de combustão, mas ativando um canal de comunicação entre planos distintos do ser. A fumaça que se desprende carrega, codificadas em suas volutas, intenções, palavras silenciosas, desejos ocultos, votos e preces.

No cerne da ritualística do Heptameron, essa fumaça se torna um agente intermediário — uma entidade passageira, mas poderosa, que percorre os intermundos com uma missão definida: anunciar ao plano superior que um chamado foi feito. Assim como a vela não é apenas luz, mas presença, e o sal não é apenas mineral, mas limite e proteção, o perfume é transição: do denso ao sutil, do corpo ao espírito, do humano ao angélico.

Há, nesse processo, uma estética e uma ética ritual. A escolha dos ingredientes não se dá por preferência pessoal, mas por consonância vibracional com o arcanjo do dia, com o planeta regente, com a qualidade espiritual que se deseja convocar. Quando se fala que cada dia da semana possui seus perfumes específicos, fala-se de uma linguagem aromática celeste, onde cada essência corresponde a uma nota de um cântico invisível. O olíbano, por exemplo, ao ser queimado no domingo, abre os portais solares e fortalece o eixo da vontade. Já a mirra, usada nas segundas, mergulha o operador em águas lunares, tornando-o receptivo às mensagens sutis do inconsciente e das visões.

A preparação desses perfumes, portanto, é um ato de alquimia devocional. Moer a resina com um pilão, triturar pétalas secas, dosar os elementos com atenção e respeito — tudo isso constitui um preâmbulo ritual que já começa a elevar a mente e o coração. O perfume começa a agir antes mesmo de ser queimado, pois, ao prepará-lo, o magista já se coloca em sintonia com a inteligência espiritual que ele representará.

Durante o uso ritual, o perfume serve como uma oferenda em si, mas também como um espelho vibratório: ele reflete a intenção do operador e a amplifica. Ao ser queimado no início do rito, purifica o espaço, desagregando influências nocivas. Quando oferecido no momento da invocação, sua fumaça torna-se um trono para as presenças chamadas, um veículo sutil no qual as entidades da luz podem repousar. E quando inalado com reverência, modifica o próprio operador, afinando sua percepção, aguçando sua intuição, abrindo seus canais interiores para o contato com o invisível.

Esse contato não se dá apenas em termos místicos. O perfume afeta a biologia sutil do ser. Age sobre o sistema nervoso, regula a respiração, influencia os batimentos cardíacos. Não é à toa que tantas tradições antigas consideravam os aromas como portadores de alma — o "ruach" hebraico, o "pneuma" grego, o "prāṇa" indiano — todas palavras que também significam sopro, espírito, essência vital.

No rito do Heptameron, esse sopro assume forma aromática. E como todo sopro, precisa de intenção para ganhar direção. A simples queima de uma resina, sem propósito, é apenas fumaça. Mas quando o operador a oferece com concentração e devoção, ela se transforma em mensagem. O turíbulo, então, deixa de ser um instrumento físico e torna-se altar portátil, fornalha sagrada, crisol onde o invisível se condensa e o visível se dissolve.

Esse é o mistério da bênção dos perfumes: tornar o ar um sacramento. Fazer do invisível um mensageiro. Converter a fragrância efêmera em presença duradoura. Não se trata apenas de queimar substâncias, mas de consagrar o espaço entre mundos — aquele breve e eterno instante em que o aroma toca a alma e a alma, em silêncio, responde.

- O Significado Espiritual dos Perfumes

A presença do perfume nos ritos espirituais não é mero artifício sensorial, mas testemunho ancestral de uma linguagem sagrada que precede as palavras. Desde os primórdios da história religiosa da humanidade, aromas foram percebidos como oferendas invisíveis, como preces que não precisam de voz para subir ao céu. Quando um sacerdote egípcio queimava olíbano nos templos de Heliópolis, quando o sumo sacerdote hebreu atravessava o véu do Santo dos Santos portando um turíbulo, ou quando, em templos hindus, pétalas de jasmim e bastões de sândalo eram oferecidos diante de uma imagem divina — em todos esses casos, havia uma intuição comum: o aroma é espírito em forma sutil.

Essa percepção é profundamente coerente com os fundamentos do Heptameron, cuja liturgia busca restaurar uma aliança entre os mundos, utilizando elementos naturais como pontes entre o visível e o invisível. Nesse contexto, o perfume torna-se um dos instrumentos mais potentes. Ele age simultaneamente sobre os planos físico, emocional e espiritual, e sua ação é quase instantânea. A fumaça não precisa ser traduzida; ela é compreendida diretamente pelas inteligências celestes, pois carrega em sua vibração a intenção do coração que a ofereceu.

Na tradição do Heptameron, cada dia da semana não é apenas uma unidade de tempo, mas um campo vibratório regido por uma força celestial específica. Esses campos possuem suas cores, seus símbolos, seus metais e — de modo especialmente relevante aqui — seus aromas. Assim, a escolha dos perfumes para cada dia não é decorativa, mas essencial. Ela ancora o ritual dentro da corrente astrológica e angélica correspondente, harmonizando o operador com a qualidade espiritual daquela frequência. Queimar mirra numa segunda-feira, por exemplo, é como falar a língua da Lua e do arcanjo Gabriel, enquanto queimar canela e noz-moscada na quinta é abrir os caminhos de Júpiter e de Sachiel.

Esse sistema de correspondência não é arbitrário. Ele foi revelado e confirmado por gerações de magistas e místicos que observaram, com rigor e devoção, os efeitos reais da defumação dentro dos rituais. Alguns aromas expandem a consciência e favorecem visões; outros aterrissam e fortalecem o campo energético. Há os que limpam e dissipam presenças nocivas, e os que atraem entidades luminosas. Tudo depende da combinação entre o perfume, o momento e a intenção.

Na Bíblia, Deus não apenas aceita o incenso: Ele ordena sua confecção com fórmulas precisas, instruindo Moisés a reunir estoraque, ônica, gálbano e olíbano puro em partes iguais — um perfume reservado exclusivamente para o culto sagrado. Esse cuidado com a proporção e a pureza não é mero capricho divino, mas um ensinamento profundo: o aroma que se oferece ao Alto deve ser digno daquilo que se busca receber. O mesmo princípio aparece no Apocalipse, onde os anjos oferecem incenso diante do trono como símbolo das orações dos justos. O aroma, aqui, é mediação e também testemunho.

Na prática do Heptameron, o turíbulo aceso com os perfumes consagrados é o que torna o ambiente ritual um verdadeiro templo. Antes mesmo que qualquer palavra seja pronunciada, a fumaça já começou a agir, delimitando o espaço, purificando o ar, e atraindo as presenças celestes. É comum que o operador sinta, nesse momento, uma mudança sutil no ambiente: o ar se torna mais denso, como se estivesse povoado por algo invisível; os pensamentos se aquietam; a respiração se aprofunda. Esse é o primeiro sinal de que a ponte foi estabelecida.

Portanto, compreender o significado espiritual dos perfumes é compreender que eles não são adereços, mas mensageiros. São ventos carregados de alma, que levam consigo a essência daquilo que o operador deseja comunicar ao mundo espiritual. Usá-los com reverência é reconhecer seu poder. Prepará-los com devoção é participar da grande tradição dos alquimistas do espírito. Queimá-los com intenção pura é, enfim, transformar o ar em oração.

- Perfumes por Dia da Semana

Abaixo, a correspondência tradicional entre os dias, os arcanjos e os perfumes:

- Domingo (Sol – Miguel): olíbano, benjoim, resina dourada. Este é o dia da luz plena, da autoridade espiritual e da presença angélica protetora. O olíbano, com seu aroma nobre e penetrante, simboliza a ascensão da consciência e a nobreza do espírito. O benjoim, doce e resinoso, eleva e alegra o ambiente, abrindo o coração para a confiança. Já a resina dourada — como a goma-arábica impregnada de ouro em pó ou resinas amarelas translúcidas — exalta o brilho solar, atraindo forças de sucesso, coragem e discernimento. A mistura desses perfumes cria um campo de vitalidade luminosa e afirmação da vontade superior.
- Segunda-feira (Lua – Gabriel): mirra, âmbar branco, cânfora. Sob o domínio da Lua, este dia convida à introspecção, à escuta interior e à purificação

emocional. A mirra, amarga e densa, permite o mergulho nas águas profundas da alma, dissolvendo mágoas e favorecendo sonhos reveladores. O âmbar branco, suave e etéreo, estabiliza a aura e protege contra energias confusas ou dispersas. A cânfora, de natureza fria e purificadora, dissipa influências negativas e prepara o campo sensível do operador para a recepção das mensagens angélicas. É a combinação ideal para práticas oraculares, limpeza psíquica e trabalho com os sonhos.

- Terça-feira (Marte – Samael): enxofre, resina de dracena, arruda seca. Este é o dia das batalhas internas e externas, da coragem invocada e da justiça imposta. O enxofre, símbolo alquímico do princípio ígneo e purificador, rompe bloqueios e repele larvas astrais. A resina de dracena, ou "sangue de dragão", fortifica os limites energéticos e atua como defesa vibracional intensa. A arruda seca, tradicionalmente usada em benzeduras e exorcismos, reforça a proteção contra inveja, feitiçaria e toda forma de ataque espiritual. Juntos, esses elementos formam um campo de ação forte e direta, ideal para limpezas profundas e operações de corte.

- Quarta-feira (Mercúrio – Raphael): sândalo, lavanda, folhas de louro. O dia de Mercúrio é regido pelo verbo, pela cura e pela conexão entre mundos. O sândalo, com seu aroma cálido e meditativo, propicia elevação espiritual e estabilidade mental. A lavanda, leve e floral, harmoniza o campo mental, acalmando pensamentos dispersos e favorecendo a escuta interior. As folhas de louro, consagradas a Apolo e aos oráculos, ampliam a percepção sutil e favorecem visões e intuições. Esta combinação é indicada para rituais de comunicação com espíritos, consagrações de instrumentos e trabalhos de cura energética.

• Quinta-feira (Júpiter – Sachiel): canela em pau, casca de laranja, noz-moscada. Júpiter rege a expansão, a abundância e a sabedoria benevolente. A canela em pau, quente e estimulante, atrai prosperidade e entusiasmo. A casca de laranja, cítrica e solar, promove alegria, abertura de caminhos e fluidez nos relacionamentos. A noz-moscada, picante e aromática, atua como catalisador espiritual, acelerando processos de realização. Essa combinação forma um campo de magnetismo positivo, ideal para petições por bênçãos materiais, ampliação da influência pessoal e conexão com mestres espirituais.

• Sexta-feira (Vênus – Anael): pétalas de rosa, jasmim seco, almíscar vegetal. O dia de Vênus é consagrado ao amor, à beleza e à harmonia nas relações. As pétalas de rosa, sobretudo a rosa vermelha e a branca, evocam o amor puro, a devoção e a delicadeza da alma. O jasmim seco, de perfume envolvente, desperta os sentidos superiores e favorece estados meditativos suaves. O almíscar vegetal, raro e profundamente sensual, ancora o prazer sagrado e intensifica a presença do operador em seu próprio corpo. Esse perfume celebra a união entre o desejo e o espírito, sendo ideal para rituais de reconciliação, encantamento e autoaceitação.

- Sábado (Saturno – Cassiel): cipreste, âmbar negro, carvão vegetal aromático. Saturno rege os limites, o tempo, a estrutura e o silêncio interior. O cipreste, com seu aroma seco e profundo, convida à meditação sobre a finitude e à firmeza moral. O âmbar negro, espesso e misterioso, favorece o contato com os ancestrais e com os guardiões dos portais. O carvão vegetal aromático serve de base para sustentar as outras essências, mas também atua como elemento de transmutação, absorvendo energias densas. Esse trio compõe uma atmosfera de recolhimento, discernimento e purificação das sombras interiores.

Essas misturas devem ser feitas com substâncias naturais — resinas, folhas secas, flores e óleos — e nunca com produtos artificiais ou sintéticos. A vibração do natural é essencial para a comunicação espiritual.

- A Escolha e Preparação dos Ingredientes

Ao preparar os perfumes, o operador deve fazê-lo com reverência. O simples ato de moer as ervas, misturar resinas ou cortar pétalas já é uma prece em movimento. Cada gesto, cada toque na matéria aromática, deve ser permeado de intenção e presença. O operador não é apenas um misturador de ingredientes, mas um oficiante diante do altar da natureza. A preparação começa com o silêncio interior, um recolhimento da atenção para que o ato externo reflita uma disposição interna adequada ao sagrado.

- Escolha os ingredientes com antecedência e, se possível, colha-os diretamente da natureza. Ao colher com as próprias mãos, o operador participa do ciclo vital da planta, reconhecendo sua origem e agradecendo por sua doação. Esse gesto estabelece uma aliança com os reinos vegetal e elemental. É importante colher apenas o necessário, preferencialmente em horários auspiciosos e sob condições celestes favoráveis, respeitando os ciclos lunares e a correspondência astrológica do dia.

- Mantenha os perfumes em recipientes de vidro âmbar ou cerâmica escura. A escolha do recipiente não é trivial: o vidro âmbar protege contra a luz e estabiliza a composição vibracional dos ingredientes, enquanto a cerâmica escura mantém a temperatura e isola interferências externas. Esses recipientes devem ser reservados exclusivamente para o uso ritualístico e nunca empregados em finalidades profanas.

- Armazene em local seco, longe de odores fortes e da luz solar direta. Os perfumes absorvem impressões vibracionais com facilidade. Ambientes contaminados por cheiros sintéticos, barulhos intensos ou energias caóticas podem afetar sua pureza. O local de armazenamento deve ser silencioso, limpo e, se possível, consagrado, funcionando como uma câmara de repouso onde os aromas maturam espiritualmente.

- Não misture perfumes de dias diferentes. Cada mistura é uma entidade em si, com propósito, regência e energia próprios. Misturar ingredientes de dias distintos causa dissonância vibratória, enfraquecendo o efeito ritual. O magista deve evitar improvisações e respeitar o esquema celeste do Heptameron, tratando cada composição como um ser espiritual com identidade e função específica.

- Antes de cada uso, revise mentalmente sua função e consagração. O simples gesto de recordar a consagração renova o elo energético com o perfume. O operador deve trazer à mente a intenção original do preparo, reativando a memória espiritual da mistura. Esse ato sutil reaviva a força do composto e o alinha com o trabalho que será realizado, reforçando sua eficácia.

- A Consagração dos Perfumes

Assim como o círculo precisa ser abençoado antes do uso, também os perfumes devem passar por um rito de consagração. O objetivo é torná-los aptos a servir como intermediários entre os mundos. Essa consagração não é apenas um protocolo cerimonial, mas um processo profundo de elevação da matéria. Por meio dela, os ingredientes — embora naturais e já vibrantes — são selados com um propósito espiritual claro, reconhecidos e ativados no plano invisível como instrumentos de luz.

A consagração liga o perfume ao operador, ao dia e ao anjo regente. Confere identidade vibracional e assinatura espiritual. Após esse rito, a mistura não pode mais ser tratada como algo comum: ela se torna portadora de um chamado, uma presença silente que, ao ser queimada, ativa o espaço entre mundos. A consagração é o batismo da fragrância — o momento em que ela deixa de ser apenas aroma e se torna oferenda viva.

- Materiais necessários:
- O recipiente com os perfumes preparados para o dia do ritual;

- Água lustral (água benta com sal consagrado);
- Turíbulo aceso com brasa viva;
- Vela branca acesa;
- Grimório com a oração de consagração.

Cada um desses elementos deve estar pronto e disposto com antecedência, pois, no rito do Heptameron, a ordem e a clareza dos gestos são fundamentais. O recipiente com os perfumes representa o coração da operação: ele contém os ingredientes que, uma vez ativados, servirão de elo entre os mundos. A água lustral é o agente de purificação inicial, capaz de remover quaisquer impressões vibracionais impuras ou resquícios energéticos residuais nos materiais. Deve ser preparada segundo as instruções tradicionais, misturando água limpa com sal consagrado e pronunciando as palavras de bênção apropriadas.

O turíbulo com brasa viva simboliza o fogo transmutador — o mesmo que no altar antigo consumia os sacrifícios e fazia subir a fumaça como testemunha da oferenda. A brasa deve estar acesa com atenção e em silêncio, como quem desperta um guardião adormecido. A vela branca, simples e pura, marca a presença da luz divina no rito e deve permanecer acesa durante toda a consagração, iluminando o espaço e testemunhando a intenção.

Por fim, o grimório com a oração de consagração não é apenas um manual, mas uma presença viva da tradição. Ele contém as palavras já consagradas por séculos de uso ritual, e sua leitura deve ser feita com solenidade, como quem invoca uma antiga corrente espiritual. Juntos, esses elementos formam o altar mínimo, o espaço sagrado onde o perfume deixará de ser apenas substância aromática e passará a ser mensageiro do espírito.

- Passo a passo da consagração:

1. Postura ritual: vista sua túnica, entre em estado de silêncio e concentração. Coloque os perfumes diante do altar ou do turíbulo. Antes de qualquer ação, é essencial que o operador entre em harmonia consigo mesmo e com o espaço ao redor. A túnica, mais do que vestimenta, é um sinal de desprendimento das identidades profanas e de alinhamento com o ofício sagrado. O silêncio não deve ser apenas externo, mas sobretudo interno: é o vazio que prepara o terreno para o mistério. A disposição dos perfumes sobre o altar deve ser feita com cuidado e respeito, como quem apresenta uma oferenda que será elevada ao sagrado.

2. Aspersão: com o ramo de hissopo ou alecrim, asperja três vezes o perfume com a água lustral, dizendo: "Que esta substância seja purificada de toda influência indesejada, visível ou invisível, pela virtude do Nome que está acima de todo nome." A aspersão é um gesto de consagração universal. O número três evoca a tríade divina, e o ramo — símbolo de conexão com o reino vegetal — serve como ponte entre o líquido consagrado e o recipiente. O uso do hissopo remete diretamente às práticas bíblicas de purificação, enquanto o alecrim, além de sagrado em diversas tradições, potencializa a clareza espiritual. A fórmula pronunciada deve ser entoada com firmeza e reverência, como quem sela as substâncias com um escudo invisível.

3. Elevação e invocação: segure o recipiente com as duas mãos e eleve-o à altura do coração ou da fronte, recitando: "Deus Eterno e Todo-Poderoso, Criador dos aromas e Senhor das essências, digna-Te abençoar estes perfumes, para que se tornem instrumentos de luz, de purificação e de elevação. Que nenhuma presença impura possa resistir a sua fragrância. Que sua fumaça seja escudo e sua essência, caminho. Que os anjos que invocamos reconheçam neles o chamado da alma. Assim seja." Este é o ápice do rito. Elevar o recipiente à altura do coração estabelece a comunhão emocional; à altura da fronte, a comunhão mental e espiritual. A oração deve ser lida ou recitada em tom solene, com consciência plena de que se está realizando uma ligação direta entre o céu e a terra. Cada frase da invocação atua como chave vibracional, convocando forças superiores a habitar e transformar a substância oferecida.

4. Defumação recíproca: após a oração, coloque uma pequena porção do perfume sobre a brasa. Quando a fumaça subir, passe o restante dos ingredientes pela fumaça três vezes, em forma de cruz. A defumação sela a oração com ação. Ao oferecer a primeira porção à brasa, o operador inicia o ciclo de sacralização pelo fogo. A fumaça resultante já não é comum: ela é portadora de bênção. Ao passar o recipiente pela fumaça em forma de cruz, inscreve-se um selo invisível de luz sobre a mistura, marcando-a como instrumento consagrado. O número três, novamente, reforça a tríplice dimensão do rito: corpo, alma e espírito; intenção, palavra e ação.

5. Selo final: faça o sinal da cruz sobre o recipiente e diga: "Consagrado está este perfume ao serviço dos anjos da luz, pela vontade do Altíssimo." Este último gesto firma o pacto realizado durante o rito. O sinal da cruz não pertence apenas a uma tradição, mas representa a interseção entre os planos, o encontro entre o vertical e o horizontal, entre o divino e o humano. A proclamação final deve ser feita com firmeza e paz interior, pois neste momento a substância se transforma em mensageira da luz. A partir daí, ela não mais pertence ao mundo ordinário: tornou-se um sacramento do ar, pronto para servir nos ritos do espírito.

Após isso, os perfumes estão prontos para serem utilizados no ritual correspondente.

- O Uso dos Perfumes Durante o Ritual

Os perfumes devem ser queimados:

- No início do rito, para purificação do ambiente;
- Durante as orações principais, como oferenda aromática;
- No momento da conjuração, como veículo de elevação vibracional.

Esses três momentos delineiam o arco litúrgico do uso aromático dentro do rito do Heptameron. No início, a fumaça atua como uma vassoura invisível, varrendo do ambiente os resíduos emocionais e espirituais acumulados, desagregando formas-pensamento estagnadas e neutralizando presenças dissonantes. Nesse ponto, o operador deve permanecer atento ao aroma que se expande, permitindo que ele atue não apenas sobre o espaço, mas também sobre sua própria disposição interior.

Durante as orações principais, o perfume deixa de ser um instrumento de limpeza e torna-se uma oferenda: é como se o coração do operador se elevasse junto com a fumaça, carregando em suas espirais os votos silenciosos, os nomes invocados e a súplica por escuta divina. O turíbulo deve ser erguido com lentidão, circulando o altar ou o círculo mágico com movimentos ritmados, como quem desenha no ar os contornos de um templo invisível. A fumaça aqui é incenso e incensário: é altar em movimento.

No momento da conjuração, quando o operador pronuncia os nomes sagrados, traça selos ou realiza invocações formais, a função do perfume se intensifica. Ele age como veículo vibracional: sua fragrância permeia os interstícios do real, abrindo canais sutis que facilitam a descida das presenças angélicas ou espirituais convocadas. Nesse estágio, o operador deve estar no centro da fumaça, respirando conscientemente, com reverência, permitindo que cada inspiração o alinhe mais profundamente com a frequência espiritual do trabalho.

A fumaça cria uma "coluna" simbólica entre o círculo e o alto. O operador deve se colocar dentro dela, inspirando com reverência e permitindo que o aroma envolva seu campo áurico. Essa coluna — invisível aos olhos comuns, mas perceptível ao sensível — é como um eixo do mundo: conecta o ponto do ritual com a morada do espírito. Ela é ponte e canal, raiz aérea e fio de retorno.

A intensidade da defumação deve ser suficiente para criar presença, mas nunca sufocante. O ar deve permanecer respirável e sutil. Excesso de fumaça dispersa a atenção, obscurece a percepção e pode provocar mal-estar físico. O ideal é que o perfume dance no ar como um véu leve, sutilmente denso, capaz de conter em si a memória da intenção do operador.

- Aromas e Estados de Consciência

Cada aroma possui uma assinatura vibracional que atua sobre o corpo sutil e a psique do operador:

- Olíbano: elevação espiritual, clareza da intenção.
- Mirra: introspecção, purificação emocional.
- Lavanda: equilíbrio mental, proteção contra distrações.
- Canela: entusiasmo, abertura do coração.
- Rosa: amor incondicional, suavidade da presença.
- Cipreste: desapego, firmeza interior.

Essas correspondências não são apenas simbólicas, mas experimentais. A repetição dos ritos com os mesmos aromas cria, ao longo do tempo, uma memória espiritual que se inscreve no campo energético do magista. A prática constante revela que certos perfumes induzem estados meditativos específicos, outros ativam regiões sensíveis do corpo sutil, e há os que evocam sentimentos profundos de reconexão, de paz ou de força.

Saber interpretar esses efeitos ajuda o magista a escolher e aplicar o perfume adequado para cada operação e estado de alma. Às vezes, o que se busca não é apenas a ativação espiritual, mas o enraizamento, a cura de uma emoção, ou o desatar de um nó energético. O perfume correto torna-se então um aliado invisível, um mestre silencioso, que conduz o operador até as regiões do ser onde a palavra não chega, mas onde o aroma fala — e transforma.

Por isso, o uso consciente dos perfumes deve fazer parte do treinamento do magista. Anotar as reações, observar os sonhos, perceber como cada perfume atua em seu campo pessoal são práticas complementares ao rito. Um diário olfativo pode se tornar um grimório silencioso e precioso, onde se revelam padrões únicos: talvez a lavanda sempre traga sonhos proféticos; talvez o jasmim abra os canais de escuta interior com maior facilidade; talvez o sândalo silencie os medos antes mesmo da invocação. Esses registros constroem uma cartografia sutil da alma do magista em relação aos aromas.

Além disso, há perfumes que funcionam como verdadeiras âncoras mentais. Quando usados com regularidade em contextos espirituais específicos, passam a evocar instantaneamente o estado de consciência desejado. Assim como um templo físico pode ser reconhecido por sua arquitetura sagrada, o templo interior do magista pode ser acessado mais rapidamente quando um aroma familiar acende as mesmas conexões neuronais ligadas ao recolhimento, à invocação ou à contemplação.

Esse mecanismo de ancoragem também serve como escudo: ao usar um perfume consagrado em momentos críticos ou em ambientes hostis, o operador reativa automaticamente a estrutura vibracional da prática, protegendo-se de influências externas e mantendo sua integridade psíquica. O simples gesto de inspirar o aroma torna-se um gesto de lembrança espiritual — e, portanto, de poder.

Essa dimensão psicológica da defumação não deve ser subestimada. Ela revela que o rito não se limita ao plano simbólico ou energético, mas penetra no corpo e na mente com efeitos concretos e mensuráveis. Um magista bem treinado sabe utilizar essa ponte com sabedoria, reconhecendo nos perfumes não apenas aliados espirituais, mas também catalisadores de sua própria transformação interior.

O perfume é o sopro invisível da magia cerimonial. Ele não apenas purifica e perfuma: ele comunica, eleva e consagra. No Heptameron, sua importância é central, pois prepara a atmosfera, atrai os anjos e afasta tudo o que não é luz. A bênção dos perfumes é, portanto, um rito de sacralização do ar — o elemento mais sutil e menos visível, mas também o mais penetrante.

Ao elevar a fumaça com intenção pura, o operador realiza um gesto milenar: o de transformar matéria em oferenda, aroma em oração, presença em invocação. O turíbulo torna-se, assim, um altar portátil, e a brasa, uma centelha do fogo eterno. E o ar — muitas vezes esquecido, invisível, comum — se revela, na alquimia da defumação, como a via privilegiada para o invisível, a estrada silenciosa por onde os anjos caminham até o círculo.

Tratar os perfumes como se trata o verbo sagrado é reconhecer que, no silêncio de sua ascensão, há uma fala que não precisa de linguagem. A fumaça que sobe do turíbulo carrega não apenas as fórmulas e os votos, mas também a alma do rito, o calor da intenção, a memória do gesto devocional. Quando um aroma consagrado se espalha pelo ar, ele sela o espaço com um pacto invisível e convida o espírito à escuta. Assim, cada defumação torna-se mais do que um ato preparatório: torna-se o próprio começo da manifestação, o instante em que o invisível já começa a responder, com a fragrância como ponte e o ar como altar.

# Capítulo 7
# Exorcismo Do Fogo

Embora invisível aos olhos, o fogo que se acende no turíbulo carrega em si camadas múltiplas de significação. Em seu brilho pulsante habitam não apenas átomos em combustão, mas também os arquétipos ancestrais que moldaram a relação do ser humano com o divino. Cada centelha que salta do carvão aceso ecoa um pacto primordial entre a criatura e o Criador — pacto esse que precisa ser reiterado, purificado e reconsagrado a cada rito. A negligência nesse gesto inicial, por mais sutil que pareça, compromete a integridade vibracional de toda a operação que se seguirá. O fogo, quando tratado como mero recurso funcional, perde sua vocação sacerdotal e se torna cego, errático, vulnerável às forças errantes do plano invisível.

Por isso, o exorcismo do fogo não é um acréscimo cerimonial, mas uma necessidade estrutural. A purificação ritual da chama deve preceder qualquer uso espiritual, como quem lava o altar antes de nele depositar as oferendas. A origem do fogo importa. Sua genealogia espiritual, por assim dizer, deve ser reencaminhada ao Alto. O operador precisa tomar consciência de que o fogo que manipula não é o mesmo que ferve a água ou acende um forno. É um fogo outro: um fogo chamado, separado, revestido de sentido. Em muitas tradições sapienciais, esse tipo de fogo é conhecido como "fogo vivo" — não por estar animado de maneira literal, mas por atuar em consonância com a ordem invisível.

A prática do exorcismo, nesse contexto, funciona como uma espécie de batismo do fogo. Não no sentido alegórico, mas como rito de passagem: aquilo que era profano, torna-se sagrado. Aquilo que era indiscriminado, ganha propósito. No instante em que a chama é aspergida, invocada e dedicada, ela passa a responder a outra lógica — já não queima por inércia, mas por intenção consagrada. Essa transfiguração é tanto uma mudança vibracional quanto um reposicionamento simbólico. E, como todo símbolo vivo, esse fogo consagrado age em camadas: ele aquece o incenso, sim, mas também ordena a psique, magnetiza o ambiente, sustenta o limiar entre os mundos.

Há ainda um aspecto menos visível e igualmente decisivo: a memória do fogo. Mesmo sendo um elemento efêmero, o fogo guarda impressões. A brasa acesa carrega registros energéticos — tanto da matéria de que se origina quanto do contexto em que é manipulada. Por isso, a pureza do carvão, a dignidade da vela que o acende, o estado de espírito do operador e até mesmo as palavras ditas durante o rito têm impacto real sobre a qualidade do fogo que se erguerá. Tratar esse processo com negligência ou pressa compromete sua eficácia. O fogo impuro pode produzir uma fumaça pesada, dispersa, que não eleva, mas obscurece. Já o fogo consagrado torna-se condutor, ponte, arauto do invisível.

Em muitas linhagens esotéricas, há inclusive a recomendação de ouvir o fogo. Isso não significa escutar sons literais, mas perceber sua "fala" simbólica: a velocidade com que arde, a cor de sua chama, os estalos que emite, a forma que assume. Tudo isso pode ser interpretado como resposta. Um fogo que demora a pegar pode indicar resistência interna. Um carvão que se apaga rapidamente pode sugerir interrupções energéticas. Um flamejar súbito pode sinalizar presença espiritual. Assim, o fogo não é apenas um recurso no rito — ele é também um oráculo. Um espelho ardente onde o invisível reflete sua linguagem.

Mais do que isso: o exorcismo do fogo inscreve o magista em uma tradição. Ao repetir as palavras ancestrais, ao cumprir os gestos com reverência, o operador se alinha a uma corrente de poder que ultrapassa sua individualidade. Ele já não está só. A chama que consagra é, ao mesmo tempo, testemunha e canal. Testemunha de sua intenção mais profunda. Canal da presença que se quer invocar. Nesse sentido, o fogo se torna um intermediário consciente: ele traduz em calor a verticalidade da prece, em perfume a aspiração da alma, em luz a clareza do propósito. E como todo verdadeiro intermediário, não pode ser profanado.

É essa chama reorientada que sustentará o rito do Heptameron. Sem ela, tudo se torna mecânico. Com ela, cada passo ritual ganha peso, ressonância, vitalidade. A consagração do fogo, portanto, é mais do que um protocolo: é o limiar que separa o gesto mágico da mera manipulação técnica. É a aurora do rito. O primeiro altar aceso. O sinal de que algo maior já começou a descer.

- O Fogo como Símbolo e Poder

O fogo é um dos arquétipos mais poderosos da experiência humana. Ele ilumina, aquece, transforma, mas também destrói e devora. É o elemento mais instável e indomável, frequentemente associado ao espírito, à vontade e à presença divina. Nas tradições antigas, o fogo era considerado um dom dos deuses, e acendê-lo era um ato solene.

A natureza ambígua do fogo, capaz de criar e de destruir, o torna símbolo por excelência dos processos espirituais profundos. Ele representa a passagem, o limiar, a travessia entre estados. O fogo que arde não é apenas matéria em combustão, mas imagem de um mistério: a transformação contínua da substância e da alma. Não é por acaso que as provas iniciáticas em tantas ordens antigas envolvem o domínio ou a travessia simbólica do fogo — seja como chama literal, seja como metáfora da vontade transfiguradora.

No contexto ritual, o fogo opera como mediador. Ele consome a matéria bruta — o incenso, a erva, o resíduo — e a traduz em fumaça, em aroma, em invocação. A verticalidade de sua ascensão natural o torna mensageiro por excelência: leva consigo o invisível, dilui as formas, abre o espaço. Assim, é natural que seja associado ao espírito e à consciência superior. Onde há fogo consagrado, há presença. Onde a chama dança, a atmosfera se altera. A luz que projeta não é apenas física: é psíquica e anímica, capaz de revelar ou proteger, de ativar ou transmutar.

Na Bíblia, o fogo é sinal da presença de Deus — como na sarça ardente de Moisés (Êxodo 3), que queimava sem se consumir, expressão da transcendência inefável; no altar de Elias (1 Reis 18), onde a chama vinda do céu consome o sacrifício como confirmação divina; ou no Pentecostes (Atos 2), em que línguas de fogo pousam sobre os apóstolos, marcando o início de uma missão iluminada pelo Espírito Santo. Em todos esses episódios, o fogo não é destrutivo, mas afirmativo: ele autentica, consagra, legitima.

Contudo, o mesmo fogo que ilumina também prova. É fogo de julgamento, como o que purifica os metais. Os profetas falam de um Deus que refina com fogo, não para punir, mas para preparar. Esse aspecto purificador é essencial na prática espiritual: aquilo que passa pelo fogo torna-se mais essencial, mais puro, mais verdadeiro. No Heptameron, o fogo que arderá sob os perfumes precisa estar sob domínio espiritual, pois é através dele que as preces se elevam e os ambientes são impregnados de santidade. Não basta queimar: é preciso queimar com sentido, com direção, com reverência.

Por isso, acender o fogo ritual não é ato banal. É como abrir um portão entre os mundos. O fogo sem exorcismo é uma porta aberta a qualquer presença; o fogo consagrado é uma porta selada, onde só entra o que foi chamado com retidão. Dominar o fogo não significa controlá-lo como se domina uma ferramenta, mas reconhecê-lo como presença viva que exige respeito, escuta e cuidado. E assim, o magista, ao acender a chama com palavras sagradas, não apenas ativa um elemento: ele se inscreve numa cadeia de sentido que vem dos deuses, dos profetas, dos iniciados. A brasa se torna altar, e o calor, invocação.

- Por que Exorcizar o Fogo?

O fogo comum é neutro. Ele pode ser usado para o bem ou para o mal, e seu calor tanto pode preparar um remédio quanto alimentar uma destruição. Ao exorcizar o fogo, o operador assegura que a chama utilizada na cerimônia não carregue resquícios de intenções alheias, de energias impuras ou de memórias vibracionais indesejadas.

Mas há uma razão ainda mais profunda para essa prática: o fogo, por sua natureza sutil e penetrante, é altamente receptivo às influências psíquicas e espirituais do ambiente. Ele absorve impressões, reverbera intenções, amplifica desejos. Um fogo aceso sem consciência, mesmo que visualmente idêntico ao consagrado, pode tornar-se veículo de forças desordenadas, dispersando ou até corrompendo a qualidade vibracional do rito. Exorcizar o fogo é, assim, protegê-lo — e proteger-se — de contaminações invisíveis.

Além disso, o ato de exorcizar o fogo constitui uma forma de reorientação. Ele rompe com o automatismo da ação mecânica e insere o gesto de acender dentro de um contexto sagrado, despertando no operador um estado de presença e reverência. O fogo não é mais uma ferramenta passiva: ele se torna um colaborador ativo do rito, um parceiro consciente da operação mágica.

Ao mesmo tempo, consagrar o fogo é entregar esse elemento à hierarquia divina, para que não atue por sua própria força cega, mas como extensão da vontade sagrada. É transformar o fogo em ministro espiritual, e não em um simples fenômeno físico.

Essa consagração o inscreve em uma cadeia de significados mais ampla, fazendo com que sua combustão traduza, no plano físico, a luz invisível que orienta e sustenta o trabalho ritual. O fogo passa a arder como sinal de aliança. Seu calor se torna um toque espiritual. Sua luz, uma palavra silenciosa do Alto. Assim, ao exorcizar e consagrar a chama, o operador não apenas purifica a matéria — ele também reconfigura sua própria posição diante do mistério que invoca.

- O Fogo no Rito do Heptameron

O fogo consagrado assume um papel fundamental na estrutura do Heptameron, carregando em si múltiplas funções que vão além do mero aspecto prático da queima dos incensos. Sua presença é multifacetada e indispensável para a eficácia e a profundidade do rito.

- Aquece o turíbulo, tornando possível a queima dos perfumes, cuja fumaça invoca e purifica; Esta função, embora aparente, é a base material da utilização do fogo no ritual. Sem a temperatura adequada e constante proporcionada pela brasa do carvão, a combustão do incenso não ocorreria da maneira esperada. A fumaça que sobe é, portanto, o veículo sensível da invocação — um elemento que não apenas transporta as preces, mas também limpa o espaço, afastando energias densas ou dissonantes.

• Simboliza a presença do espírito, iluminando o espaço e representando a luz da consciência; A chama não é simplesmente um instrumento, mas um símbolo vivo da manifestação do espírito no rito. Ela traz luz onde há sombra, clareia a consciência do operador e dos presentes, estabelecendo uma atmosfera propícia à comunicação com o divino. Sua dança silenciosa espelha a fluidez da alma e a dinâmica da vontade espiritual em ação.

• Marca a intensidade da operação mágica, funcionando como termômetro simbólico da presença e da atividade espiritual. Mais do que um mero elemento físico, o fogo revela o estado do rito. Uma chama vibrante e estável indica harmonia entre os planos e o sucesso da invocação; uma chama vacilante ou instável pode sinalizar desequilíbrios, resistências ou interferências. Assim, o fogo se torna um indicador vivo, permitindo ao operador ajustar sua postura, intenções e ações conforme necessário para a plena realização do trabalho.

Portanto, não se trata de um detalhe técnico: o fogo é o eixo central que sustenta toda a ritualística do Heptameron. Seu cuidado exige reverência, atenção e preparo adequado para que sua manifestação seja plena e eficaz.

• Preparação do Fogo: Requisitos Materiais

Antes de iniciar o exorcismo, o operador deve reunir e preparar os elementos com rigor e respeito:

• Vaso ou turíbulo, preferencialmente de barro novo, conforme a indicação do grimório, evitando contaminações físicas e energéticas. Recipientes metálicos com alças podem ser utilizados, desde que sejam exclusivos para uso ritual e devidamente consagrados.

• Carvão vegetal natural, sem aditivos químicos, de queima lenta e constante, garantindo uma chama limpa e duradoura.

• Pinça metálica, indispensável para a manipulação segura do carvão, prevenindo acidentes e mantendo a integridade do ritual.

• Pedra ou placa isolante, para apoiar o turíbulo e evitar danos ao altar ou superfície ritual.

• Vela branca acesa, símbolo da luz original do fogo sagrado, cuja pureza ilumina e protege o ambiente durante a preparação.

• Água lustral e ramo de hissopo ou alecrim, para a aspersão purificadora que precede e acompanha o rito.

• O Exorcismo do Fogo: Rito Completo

A sequência do rito é estruturada para estabelecer a conexão espiritual necessária, purificar e consagrar o fogo, transformando-o em um canal vivo da vontade divina. Este rito deve ser realizado antes da primeira utilização do carvão e, preferencialmente, repetido a cada nova cerimônia para manter a qualidade e a intensidade da chama ritual.

• 1. Silêncio e Centramento

O operador posiciona-se diante do turíbulo com o carvão apagado, trajando a veste ritual, buscando o recolhimento interior e a quietude mental. Acende a vela branca — que simboliza o fogo puro e primordial — e fixa seu olhar nela por alguns segundos, absorvendo sua luz e presença. Com a mente centrada, dirige a palavra em invocação:

"Senhor da Luz, Tu que és o fogo que não consome, a chama que purifica e ilumina, consagra esta luz e esta chama ao Teu serviço. Que ela não seja instrumento de orgulho ou vaidade, mas de verdade e elevação."

- 2. Aspersão

A aspersão com o ramo de hissopo ou alecrim não é um gesto meramente simbólico, mas um ato de purificação que conecta o fogo à hierarquia espiritual superior. A água lustral, carregada de energias benéficas e consagradas, remove qualquer resquício de impureza material ou vibracional, preparando o elemento para receber a presença sagrada. Ao aspergir a vela e o carvão, o operador traça uma barreira invisível contra influências externas, estabelecendo um espaço limpo, protegido e sagrado. As palavras proferidas nesse momento são um convite direto à luz, afirmando o propósito de clareza e elevação do fogo, para que sua chama não seja apenas física, mas espiritual, e sua fumaça, veículo puro das preces que se elevarão.

- 3. Acendimento do Carvão

O acendimento do carvão representa o despertar do fogo consagrado, a transição do potencial para a manifestação ativa. Auxiliado pela chama da vela branca, símbolo da luz primordial e da pureza, o operador inicia o processo com cuidado e reverência. Aproximar as mãos sem tocar a brasa que se forma é gesto de respeito e contenção, preservando a energia do momento sagrado. A oração de exorcismo pronunciada não é apenas um comando para afastar forças negativas, mas uma invocação profunda do fogo divino como presença eterna e guardiã da verdade. Cada palavra é carregada de intenção, alinhando o fogo à vontade do Altíssimo, protegendo-o de influências desviadas e garantindo que sua chama seja reflexo da Luz Suprema. A possibilidade de recitar salmos complementa e fortalece a invocação, inserindo o rito no contexto da tradição espiritual milenar, onde o fogo sempre foi um sinal da manifestação do divino entre os homens.

- 4. Consagração Final

Com o carvão finalmente aceso e a chama estável, o operador eleva o turíbulo, gesto que simboliza a entrega completa do fogo ao serviço sagrado. As palavras da consagração reforçam essa entrega, declarando explicitamente que o fogo é dedicado à verdade, ao serviço e à elevação espiritual. A fumaça dos perfumes que subirão sobre essa chama agora carrega não apenas aroma, mas a súplica e a intenção do magista, elevando-as ao plano invisível sem sombras de dúvida ou impureza. A colocação do turíbulo em seu lugar definitivo e o silêncio que se segue são momentos de contemplação e percepção da mudança no campo energético, quando o fogo se torna de fato um canal vivo da vontade divina, pronto para sustentar e potencializar toda a operação ritual.

Essa sequência ritualística é o fundamento da integridade e eficácia de todo o rito do Heptameron. Sua realização atenta e consciente assegura que o fogo, elemento instável e poderoso, seja um aliado fiel e luminoso, e não uma força caótica ou perigosa.

- Observações Importantes

A prática ritualística demanda cuidados rigorosos para preservar a pureza e a eficácia do fogo consagrado. Nunca reutilize carvão apagado de um ritual anterior, pois a memória energética do fogo antigo pode carregar resquícios indesejados que comprometem a qualidade vibracional do novo rito. Cada operação deve iniciar-se com fogo novo, símbolo da renovação e do compromisso presente do operador com a hierarquia espiritual.

É fundamental evitar o uso de isqueiros de combustível líquido ou quaisquer produtos químicos para acender o carvão. Esses agentes contaminam a chama com substâncias estranhas e ruídos energéticos dissonantes, enfraquecendo a clareza da invocação. Prefira sempre fósforos de madeira ou a luz suave da vela branca consagrada, meios que mantêm a pureza e a integridade do fogo ritual.

O turíbulo deve estar sempre limpo, livre de resíduos acumulados que possam queimar e liberar impurezas. A limpeza física reflete a limpeza energética do espaço e do fogo, assegurando que nada interfira na ascensão da fumaça como veículo sagrado. Após o término do rito, as cinzas geradas pelo carvão e pelos incensos devem ser descartadas com respeito e reverência — o ideal é enterrá-las na terra ou lançá-las em água corrente, permitindo seu retorno natural ao ciclo da criação e evitando que cargas vibracionais indesejadas permaneçam no ambiente.

- O Fogo e o Estado de Espírito do Operador

A natureza dinâmica e sensível do fogo faz com que ele responda diretamente ao estado interno do magista. Emoções desordenadas, impaciência ou distração se refletem na instabilidade da chama, dificultando seu acendimento ou sua permanência viva e vibrante. Por isso, o ato de acender o fogo ritual deve ser acompanhado de uma postura consciente, que integre corpo, mente e espírito.

Respirar lenta e profundamente ajuda a desacelerar o ritmo interno, preparando o operador para a elevação necessária. A recitação de preces, seja mental ou verbal, estabelece o campo vibracional apropriado e fortalece a intenção. O recolhimento interno, por sua vez, harmoniza os centros energéticos, alinhando-os à vontade superior.

O fogo não esconde o desequilíbrio; ele revela o estado real do operador e do ambiente. Por isso, observar a qualidade da chama é também uma forma de autoconhecimento e ajuste. O magista atento percebe nas nuances do fogo indicativos sutis que orientam seu caminhar no rito, possibilitando correções e aprofundamentos que elevam a qualidade do trabalho espiritual.

- O Fogo Como Guardião

A convocação do fogo como guardião é uma prática ancestral que eleva a chama de simples elemento material a entidade protetora do espaço ritual. Ao proferir palavras que apelam à origem divina do fogo —

aquela chama que iluminou profetas e justos — o operador estabelece uma ligação direta com a esfera celestial, tornando o fogo um vigilante ativo contra qualquer interferência indesejada. Essa invocação não é mera formalidade: ela dota a chama de consciência simbólica, transformando-a em sentinela que não apenas aquece e consome, mas que também mantém o equilíbrio energético, afastando as sombras e preservando a pureza do ambiente. Ao designar o fogo como guardião, o magista reconhece nele um aliado, um parceiro no processo mágico, cuja presença reforça a integridade e a segurança do rito.

- O Fogo e os Anjos

No Heptameron, a fumaça que sobe do fogo consagrado serve como veículo para a evocação dos anjos, trazendo ao plano material a essência espiritual desses seres. Muitos anjos associados ao fogo são também representados simbolicamente pelo próprio elemento, reforçando sua ligação intrínseca à chama sagrada. Miguel, por exemplo, figura emblemática com sua espada flamejante, personifica o poder purificador e a proteção espiritual atribuídos ao fogo. A presença do fogo consagrado potencializa a manifestação angélica, funcionando como amplificador da consciência celeste que se manifesta no plano sensível. É através da qualidade e pureza da chama que o operador pode assegurar a fidelidade dessa conexão; um fogo não exorcizado, impuro ou negligenciado pode atrair presenças conflitantes, desfavorecendo o êxito do rito. Portanto, o exorcismo do fogo não se limita a uma formalidade cerimonial, mas é um ato vital de alinhamento energético e espiritual, condição indispensável para o diálogo franco e seguro com as esferas angelicais.

- A Luz no Centro do Círculo

Manter uma vela acesa no centro do círculo ritual transcende o papel de simples apoio luminoso; ela atua como o eixo que articula e mantém a coesão energética do espaço sagrado. Esta chama, quase silenciosa em seu movimento, é a expressão visível da alma do operador, o reflexo luminoso de sua intenção e concentração. Seu brilho é simultaneamente um farol e um espelho, projetando para fora a clareza do magista e devolvendo-lhe o próprio estado interior, em uma troca dinâmica e contínua.

A cor branca da vela, longe de ser uma escolha aleatória, simboliza a pureza primordial da luz espiritual, a essência sem mancha que permeia a criação e sustenta a ordem divina. Sua simplicidade formal, desprovida de ornamentos ou excessos, permite que essa luz se manifeste com transparência, sem interferências, uma ponte direta entre o visível e o invisível. O suporte, fixo e sólido, não é mero detalhe: é o fundamento que assegura a permanência da chama, evitando que oscile por distrações externas ou internas, espelhando a estabilidade buscada no operador.

Ao consagrar essa vela com as mesmas palavras e gestos do exorcismo do fogo, imprime-se nela uma qualidade vibracional que a conecta à hierarquia espiritual superior, tornando-a uma extensão palpável do fogo sagrado que habita o turíbulo. Sua presença constante durante todo o rito atua como uma âncora energética, estabilizando as vibrações do ambiente, repelindo interferências e protegendo o campo ritual. A chama que arde ali não é apenas uma luz física, mas uma presença viva que sustenta o limiar entre os mundos, mantendo aberto o canal por onde transitam as forças convocadas.

Este fogo central é uma entrega consciente do magista, um gesto que manifesta o abandono da aleatoriedade e do controle mecânico para acolher a ordem e o propósito sagrados. Ao entregar essa chama à luz, o operador reconhece o fogo como um interlocutor, um aliado que só pode cumprir seu papel se for tratado com respeito, atenção e reverência. O fogo ritual, portanto, deixa de ser um mero elemento instável para se transformar em um pilar da estabilidade espiritual, um parceiro que dialoga em silêncio e traduz em luz a verticalidade da prece.

No íntimo do magista, essa chama interiorizada queima com a mesma intensidade do fogo no turíbulo. A brasa torna-se altar, espaço de encontro e oferenda; a fumaça, oração que sobe carregada de intenções; o calor, presença viva que confirma a conexão com o divino. Essa integração profunda entre o fogo externo e o interno simboliza a passagem de um simples rito para uma experiência de transfiguração, onde o operador não apenas maneja um elemento, mas se deixa transformar por ele.

Avançar neste degrau da escada ritual é reconhecer que o fogo exige não só domínio técnico, mas um aprendizado contínuo de humildade e serviço. É um convite para que o magista compreenda que a chama consagrada só permanece viva enquanto houver respeito e entrega, pois o fogo, em sua essência, é um espelho da própria alma: rebelde, luminosa, poderosa e delicada. Aprender a servir o fogo é, por fim, aprender a servir a si mesmo, a própria luz que arde silenciosa no centro do círculo e dentro do coração.

    A consagração do fogo é, em última instância, a consagração do próprio gesto mágico. A brasa que arde sob os perfumes, a vela que ilumina o centro do círculo, a chama que se mantém viva em meio ao silêncio — todas essas manifestações revelam uma única verdade: sem fogo consagrado, não há rito pleno. Aquele que o acende com reverência, que o purifica com intenção reta e que o escuta com atenção interior, transforma o mais volátil dos elementos em fundamento estável da operação espiritual. Assim, o fogo deixa de ser risco ou ruído e se torna voz, presença, sinal de que o sagrado já começou a responder.

# Capítulo 8
# Os Sete Dias E Seus Anjos

A estrutura ritual do Heptameron é organizada a partir de uma lógica celeste que distribui as forças espirituais ao longo dos sete dias da semana. Cada dia é regido por um arcanjo planetário, assistido por ministros e espíritos do ar que, juntos, formam uma hierarquia invisível disposta a responder ao chamado sincero do operador. Este capítulo apresenta em profundidade essa estrutura, fornecendo ao praticante uma cartografia espiritual clara para orientar suas operações mágicas e litúrgicas.

A disposição semanal no Heptameron é mais do que uma divisão cronológica; ela espelha a organização do cosmos segundo uma ordem angelical ancestral, onde cada dia representa uma emanação distinta da vontade divina. A semana torna-se um espelho da Árvore da Vida, onde os planetas clássicos ocupam posições específicas, transmitindo atributos que são canalizados pelas hostes celestes. Assim, o ritualista não apenas escolhe um momento conveniente, mas alinha-se com um fluxo energético cósmico que pulsa em sincronia com os céus. Essa sintonia não depende de fé cega, mas de uma escuta interior que reconhece, com o tempo e a prática, a textura vibracional de cada dia.

O Sol, por exemplo, em sua majestade solar de domingo, representa a consciência desperta, a luz que revela, aquece e protege. Seu arcanjo, Miguel, não é apenas um símbolo de proteção, mas o espelho da retidão espiritual em ação, a espada que corta a ilusão e reordena a alma sob a verdade. Seu domínio envolve tanto a força como a nobreza — é ele quem prepara o operador para missões espirituais mais elevadas, reforçando a integridade do caminho escolhido.

Já a Lua de segunda-feira, regida por Gabriel, adentra as águas sutis do subconsciente, dos sonhos e das mensagens veladas. Aqui, o operador aprende a ouvir em silêncio, a interpretar sinais, a reconhecer o valor das emoções como mensageiras de algo maior. Gabriel, o anjo da anunciação, não apenas entrega recados celestes, mas também ensina o operador a se tornar um canal puro para a verdade que vem de dentro. Seu domínio inclui a memória da alma, as visões do futuro e os véus que encobrem a intuição.

Na terça-feira, Marte estende seu manto ardente sob o comando de Samael (ou Camael, em algumas versões), cuja força pode ser tanto destrutiva quanto libertadora. Ele rege o fogo da purificação, da coragem frente ao erro e da força que se levanta contra a opressão interior. Rituais sob sua influência exigem firmeza, ética e desprendimento, pois o que é cortado nesse dia não retorna. Samael é o cirurgião espiritual que remove o que não serve mais, e seu toque, embora severo, é profundamente restaurador.

Mercúrio, planeta da comunicação e do conhecimento, oferece a quarta-feira como dia de aprendizado e cura, sob a tutela de Raphael. Este arcanjo une o saber à prática, a inteligência à compaixão. Não há verdadeira cura sem compreensão, nem sabedoria sem ação. Raphael guia os estudiosos, os curandeiros, os buscadores que desejam unir teoria e vivência em uma prática espiritual eficaz. Seu trabalho se manifesta tanto nos pequenos gestos quanto nas grandes revelações.

A quinta-feira, com Júpiter e Sachiel, se consagra à generosidade divina, ao crescimento espiritual e à justiça superior. Aqui, o operador é chamado a reconhecer os frutos do caminho, a compartilhar, a agradecer. Sachiel não responde à ganância, mas à abundância que flui do alinhamento com o bem comum. Seus ritos são expansivos, nobres e impregnados de esperança.

Vênus, na sexta-feira, oferece a doçura de Anael, o restaurador das relações e embaixador do amor universal. Seus dons incluem beleza, harmonia e reconciliação — não apenas entre pessoas, mas também entre os diversos aspectos da psique. Operar sob Anael é abrir-se à estética da alma, ao perdão que cura, à ternura que fortalece.

Por fim, sábado pertence a Saturno e ao enigmático Cassiel, o anjo do tempo, do limite e do silêncio. Suas lições são profundas, muitas vezes desafiadoras, pois exigem disciplina, paciência e autoconhecimento. Cassiel ensina a cortar excessos, a consolidar estruturas internas e a respeitar o mistério que habita cada fase de encerramento. Ele é o guardião da passagem, o conselheiro dos que sabem que, para evoluir, é preciso saber partir.

Ao se compreender essa arquitetura celeste, o praticante não apenas planeja seus ritos com mais eficácia, mas também educa sua sensibilidade espiritual para reconhecer quando cada força está mais presente. O tempo torna-se um aliado vivo, uma escada luminosa em direção ao sagrado.

- A Semana como Roda Celeste

Para o Heptameron, a semana não é apenas uma unidade temporal — é uma mandala espiritual, uma sequência viva de forças angélicas que circulam ciclicamente. Cada dia está impregnado de uma vibração específica, regida por uma inteligência superior e alinhada aos planetas clássicos da astrologia ocidental: Sol, Lua, Marte, Mercúrio, Júpiter, Vênus e Saturno.

Esse ciclo semanal se desdobra como uma liturgia cósmica, em que o tempo cronológico se converte em tempo ritual. Cada dia da semana torna-se uma porta vibratória, uma estação de contato com determinados atributos divinos. O operador, ao seguir essa estrutura, não apenas se alinha a um fluxo espiritual mais amplo, mas também participa de uma harmonia oculta que permeia todas as esferas do ser. A repetição cíclica dos dias, longe de ser uma rotina mundana, transforma-se em um cântico invisível, onde cada nota — cada dia — ressoa com uma qualidade celeste distinta.

Essa distribuição planetária não é arbitrária, mas sim ecoa os antigos modelos da Cabala, da astrologia esotérica e da liturgia cristã, nos quais cada planeta corresponde a uma esfera de manifestação espiritual, uma virtude e uma missão. A Árvore da Vida, com suas sefirot, serve como matriz simbólica para a organização dos dias: a luz solar de Tiferet manifesta-se no domingo; o fluxo intuitivo de Yesod brilha na segunda-feira; o rigor de Geburah incendeia a terça; a inteligência de Hod ilumina a quarta; a benevolência de Chesed abençoa a quinta; a suavidade de Netzach harmoniza a sexta; e a estrutura de Binah solidifica o sábado.

O operador atento aprende, com o tempo, a sentir essas nuances como se fossem climas internos. Não se trata apenas de escolher um dia propício, mas de preparar o corpo e a mente como instrumentos receptivos à frequência espiritual correspondente. O ritual, assim, não começa no ato da invocação, mas na escuta sensível que precede a escolha do tempo. A prática correta começa com o silêncio e com o discernimento: qual força precisa ser mobilizada? Qual virtude deve ser despertada? O tempo deixa de ser linear e torna-se um espaço habitável, uma paisagem a ser atravessada com reverência.

- Como Escolher o Dia Adequado

Antes de apresentar os anjos e suas esferas de ação, é importante compreender que o operador deve escolher o dia de sua prática conforme a intenção da operação. Cada dia abre um tipo específico de portal, ajustando a natureza da intervenção espiritual desejada. Eis algumas sugestões:

- Domingo: iluminação, proteção, sucesso, autoridade espiritual. Dia solar, excelente para pedir clareza, bênçãos em empreendimentos, fortalecimento da vontade e consagração de ferramentas ligadas à liderança espiritual.

- Segunda-feira: intuição, sonhos, reconciliação emocional, maternidade. Dia lunar, propício para trabalhos com águas, memórias, ancestrais e questões ligadas à alma e ao feminino sagrado.
- Terça-feira: coragem, energia, purificação, justiça. Marte governa este dia com ímpeto e desafio. Ideal para operações de libertação, cortes rituais e fortalecimento interior.
- Quarta-feira: cura, aprendizado, inteligência, comunicação. Sob Mercúrio, este dia favorece todos os atos que exigem clareza mental, estudo, elaboração escrita, além de bênçãos em processos terapêuticos.
- Quinta-feira: prosperidade, bênçãos, sabedoria divina, liderança. Júpiter expande e estabiliza. Excelente para petições por justiça, crescimento material e consagração de projetos de longo alcance.
- Sexta-feira: amor, beleza, harmonia, perdão. Regido por Vênus, é um dia consagrado aos afetos, à estética e à cura de vínculos. Favorece pactos de amor, celebrações e práticas de autocuidado espiritual.
- Sábado: disciplina, estrutura, exorcismo, introspecção. O peso de Saturno exige preparação e respeito. Indicado para selamentos, proteção avançada, encerramento de ciclos e trabalho com heranças espirituais.

Cada dia possui seu próprio conjunto de selos, orações, perfumes e invocações, descritos nos próximos capítulos. Esses elementos não devem ser vistos como acessórios místicos, mas como chaves vibratórias que ajustam o campo do operador à presença espiritual invocada. A escolha correta do dia e dos instrumentos amplia a eficácia do rito e fortalece a sintonia entre intenção e manifestação.

Aqui, nos concentraremos nos arcanjos e suas esferas de atuação. Eles são os condutores das forças planetárias, os ministros maiores que traduzem as potências dos céus em formas acessíveis à consciência humana. Conhecê-los é iniciar-se em uma geografia celeste cuja cartografia começa agora a se revelar.

DOMINGO — ARCANJO MIGUEL
- Planeta: Sol
- Funções: proteção, coragem, clareza espiritual, combate ao mal
- Cores associadas: dourado, branco, amarelo claro
- Perfumes: olíbano, benjoim
- Ministros: Dardiel, Huratapal, Capriel

Miguel é o guerreiro da luz, defensor das causas justas, purificador das trevas interiores e exteriores. No domingo, o círculo se enche de sua presença solar, firme e protetora. É um dia ideal para:
- consagrar novos instrumentos
- pedir auxílio contra obstáculos
- fortalecer a alma para o caminho espiritual

O operador que invoca Miguel se coloca sob a égide da justiça divina, recebendo não apenas proteção, mas também uma convocação interior para alinhar-se à verdade que transcende interesses pessoais.

Características do rito dominical incluem:

1. Atmosfera vibracional intensa — marcada por clareza e expansão da consciência moral
2. Revisão de propósitos espirituais — ideal para reconsagração de votos e reorganização da intenção
3. Fortalecimento do perímetro mágico — Miguel guarda os limites do círculo, afastando presenças indesejadas
4. Participação ativa dos ministros — Dardiel, Huratapal e Capriel operam com precisão em rituais de purificação e defesa

Sugestões práticas para este dia:
- usar vestes claras ou douradas
- empregar incensos solares como olíbano
- portar símbolos solares como o leão, o disco dourado ou a espada

O Salmo 91, recitado com reverência, intensifica a proteção espiritual, atuando como selo de luz contra forças adversas.

Miguel também é:
- o grande exorcista celeste — poderoso em rituais de libertação espiritual
- o restaurador da ordem divina — corta vínculos nocivos e dissolve enganos
- o instrutor da coragem — inspira firmeza para enfrentar medos e tomar decisões espirituais

Recomenda-se que ritos iniciados neste dia deem origem a um ciclo espiritual semanal, no qual o domingo funciona como:
- o ponto de partida solar
- a raiz luminosa das demais operações

- Salmo sugerido: Salmo 91 — "Aquele que habita no esconderijo do Altíssimo, à sombra do Onipotente descansará..."

## SEGUNDA-FEIRA — ARCANJO GABRIEL

- Planeta: Lua
- Funções: intuição, revelações, reconciliação, proteção da família
- Cores associadas: prata, azul claro, pérola
- Perfumes: mirra, âmbar branco, cânfora
- Ministros: Miel, Seraphiel, Madiel

Gabriel é o mensageiro divino, portador de visões, sonhos proféticos e conforto emocional. Segunda-feira é propícia para:

- trabalhos com memórias e reconciliação familiar
- práticas de abertura psíquica e intuição refinada
- consagração da água lustral e ritos de purificação emocional

A vibração lunar que rege este dia favorece o recolhimento interior, a escuta sutil e a percepção do não dito. Gabriel, em sua função de anunciador sagrado, revela o que está oculto sob as camadas da mente consciente. Ele age como intérprete dos sinais que chegam em sonhos, das mensagens que se insinuam através do silêncio, dos sentimentos que não se expressam em palavras.

O rito de segunda-feira deve ser conduzido com delicadeza e entrega. Ao invocar Gabriel, o operador se sintoniza com as águas arquetípicas da alma, despertando a capacidade de escutar com o coração e de reconhecer, nos pequenos gestos, a presença do divino. Sua ação é fluida e envolvente, promovendo um ambiente de acolhimento e cura emocional profunda.

Características marcantes da operação lunar:
- Expansão onírica — ideal para trabalhar com diários de sonhos, incubação onírica e revelações noturnas
- Restauração de vínculos — excelente para reconciliações familiares, harmonização de relações maternas ou femininas
- Purificação emocional — o uso da água lustral consagrada sob Gabriel intensifica o processo de limpeza interna
- Desenvolvimento intuitivo — práticas de escuta interior, tarot meditativo ou clarividência simbólica são favorecidas

Gabriel também preside os processos de nascimento espiritual. Ele é o anjo que anuncia começos — não apenas no plano físico, mas também no despertar da alma. Por isso, segunda-feira é um momento propício para semear intenções que pedem amadurecimento lento, como curas profundas, reinícios afetivos e gestação de projetos criativos.

Para a preparação ritual deste dia, recomenda-se:
- usar roupas em tons prateados, azul-claros ou perolados
- acender incensos suaves como mirra ou âmbar branco
- manter o ambiente em penumbra ou sob luzes baixas, estimulando a introspecção

A presença de seus ministros — Miel, Seraphiel e Madiel — reforça os aspectos de doçura, proteção e revelação. Eles atuam como suavizadores das emoções intensas, criando espaço para que a alma se reorganize em paz. A invocação de Gabriel também fortalece o campo energético doméstico, protegendo o lar, os filhos e os laços afetivos.

- Salmo sugerido: Salmo 42 — "Como o cervo anseia pelas correntes das águas, assim por Ti suspira a minha alma, ó Deus..."

## TERÇA-FEIRA — ARCANJO SAMAEL

- Planeta: Marte
- Funções: força, purificação, justiça, enfrentamento do medo
- Cores associadas: vermelho escuro, ferro, preto
- Perfumes: enxofre, arruda, dracena
- Ministros: Baciel, Carviel, Zavael

Samael (ou Camael, em versões mais brandas) rege as forças da transformação pelo fogo. Seu domínio é o da ação direta, da ruptura necessária e do enfrentamento daquilo que paralisa. Terça-feira é ideal para:

- ritos de libertação e purificação espiritual
- defesa energética e exorcismos cerimoniais
- quebra de padrões limitantes e fortalecimento da vontade

A presença de Samael se manifesta com vigor incandescente, como uma lâmina ardente que corta os laços com o que não serve mais. Ele não é destrutivo por impulso, mas cirúrgico em sua intervenção. Age com precisão moral, exigindo do operador neutralidade, discernimento e coragem.

Características principais dos trabalhos realizados sob sua influência:

- Poder de ruptura e superação — Samael facilita o corte com vícios, medos crônicos e prisões psíquicas
- Aumento da força interior — desperta o instinto de luta e a prontidão espiritual diante de ataques visíveis e invisíveis
- Justiça impessoal — ritos nesse dia favorecem julgamentos éticos e ações corretivas em situações desequilibradas
- Purificação intensa — ideal para limpezas de ambientes contaminados espiritualmente ou corpos adoecidos por miasmas emocionais

Samael exige que o operador esteja firme, centrado e desapegado de expectativas sentimentais. Não é um dia para rituais suaves ou contemplativos, mas para atos de decisão e combate espiritual. A preparação deve ser rigorosa: banhos de purificação com ervas fortes (como arruda e alecrim), jejum leve e silêncio interior são recomendados.

Sugestões práticas para terça-feira:

- vestir roupas em tons escuros, com detalhes em vermelho ou ferro
- utilizar símbolos como espadas, lanças ou runas de Marte (como Tiwaz)
- acender incensos fortes, como enxofre, e manter o espaço arejado e bem delimitado

A atuação dos ministros Baciel, Carviel e Zavael amplifica os aspectos de ação tática, proteção agressiva e dissolução de obstáculos espirituais. Eles operam como guardiões do rito, assegurando que a força invocada se manifeste de forma controlada e eficaz.

Samael também é mestre da coragem espiritual. Sua presença ensina que, muitas vezes, o verdadeiro avanço se dá pelo enfrentamento direto da dor, do engano e da dúvida. Ele fortalece a postura do operador diante de adversários internos, convidando à superação pela via do fogo — simbólico e real.

- Salmo sugerido: Salmo 18 — "Eu te amarei, ó Senhor, fortaleza minha; o Senhor é a minha rocha, e o meu lugar forte, e o meu libertador..."

QUARTA-FEIRA — ARCANJO RAPHAEL
- Planeta: Mercúrio
- Funções: cura, aprendizado, sabedoria prática, escrita
- Cores associadas: verde, amarelo claro, cinza
- Perfumes: sândalo, lavanda, louro
- Ministros: Darquiel, Barachiel, Uriel (em algumas versões)

Raphael é o médico divino, o curador dos corpos e das almas. Sua presença na quarta-feira ilumina os caminhos do conhecimento, da comunicação clara e da integração entre mente e espírito. Este é o melhor dia para:
- consagrar medicamentos ou remédios naturais
- pedir cura — física, emocional ou espiritual

- ativar ferramentas de escrita, ensino ou mediação
- buscar orientação prática para dilemas existenciais

A energia de Mercúrio pulsa como uma ponte viva entre mundos: entre o céu e a terra, entre pensamento e ação, entre sabedoria e expressão. Raphael encarna essa mediação com graça e eficácia. Seu trabalho é silencioso, mas profundo — ele age nos bastidores, organizando os pensamentos, desatando nós mentais, facilitando a assimilação de experiências e o florescimento do entendimento.

Características fundamentais dos trabalhos sob sua égide:
- Clareza de expressão — excelente para desenvolver habilidades comunicativas, redigir textos sagrados ou elaborar discursos inspirados
- Integração de saberes — favorece a fusão entre estudo espiritual e vivência cotidiana, revelando como aplicar o sagrado no concreto
- Restauro do equilíbrio psicofísico — suas bênçãos promovem recuperação energética, alívio de enfermidades e harmonia entre corpo e mente
- Proteção em viagens — seja física ou espiritual, toda travessia iniciada sob sua proteção tende a ser segura e enriquecedora

Raphael também rege as trilhas do aprendizado profundo, tornando quarta-feira ideal para estudos esotéricos, leituras simbólicas, práticas meditativas voltadas à absorção de sabedoria. Ele é o patrono daqueles que ensinam com o coração e aprendem com humildade.

Sugestões práticas para este dia:
- usar roupas em tons de verde, amarelo claro ou cinza
- acender incensos como lavanda, sândalo ou folhas de louro
- manter por perto ferramentas de escrita consagradas — diários, grimórios, penas, lápis especiais
- meditar com símbolos mercuriais ou selos de Raphael, buscando conexão com seu campo de cura e inteligência

Seus ministros — Darquiel, Barachiel e Uriel — potencializam aspectos distintos: Darquiel traz discernimento, Barachiel traz bênçãos sutis, e Uriel, quando presente, acende a chama da iluminação prática. Juntos, sustentam um campo que favorece tanto a introspecção curativa quanto a aplicação lúcida do conhecimento adquirido.

Raphael também ajuda a revelar as causas ocultas da dor, sejam elas físicas ou espirituais. Ele convida o operador a olhar com honestidade para seus hábitos, pensamentos e emoções, oferecendo instrumentos para uma reforma íntima gradual e compassiva.

- Salmo sugerido: Salmo 30 — "Senhor, meu Deus, clamei a Ti, e Tu me saraste..."

## QUINTA-FEIRA — ARCANJO SACHIEL

- Planeta: Júpiter
- Funções: prosperidade, expansão, bênçãos, justiça divina

- Cores associadas: azul royal, púrpura, dourado
- Perfumes: canela, noz-moscada, casca de laranja
- Ministros: Asaliah, Nadiel, Velel

Sachiel é o anjo da benevolência generosa e da ordem superior que se manifesta como justiça e abundância. Na quinta-feira, o templo se impregna de sua presença ampla, como um campo fértil pronto para receber as sementes do mérito espiritual. Este é o dia ideal para:

- petições por estabilidade financeira e projetos de longo prazo
- rituais de agradecimento e generosidade consciente
- bênçãos sobre contratos, alianças e juramentos justos
- consagração de símbolos de poder e autoridade espiritual

A influência de Júpiter se expressa com solenidade e expansão. É a vibração da confiança, da fé na ordem invisível que recompensa o que está em harmonia com o bem maior. Sachiel, como regente dessa força, não atende desejos egoístas ou imediatistas — sua resposta é lenta, robusta e proporcional à intenção ética do operador.

Características fundamentais dos ritos jupiterianos:

- Amplificação de resultados — operações iniciadas nesse dia tendem a se expandir, atingindo um número maior de pessoas ou influências

- Fortalecimento da dignidade espiritual — ideal para quem deseja assumir ou reafirmar um papel de liderança em grupos, templos ou comunidades iniciáticas
- Abertura de caminhos justos — as forças de Sachiel favorecem decisões jurídicas, conciliações e ajustes contratuais
- Ativação da gratidão como magnetismo — atos de reconhecimento e generosidade neste dia abrem portas invisíveis de abundância

O operador que invoca Sachiel deve cultivar grandeza de espírito, moderação nos pedidos e nobreza nas intenções. É um dia para oferecer algo ao mundo, não apenas para pedir. Alimentos consagrados, doações simbólicas ou votos públicos de serviço espiritual são formas potentes de alinhar-se à sua presença.

Sugestões práticas para quinta-feira:
- vestir roupas em azul royal, púrpura ou dourado
- decorar o altar com objetos que representem expansão, sabedoria ou realeza (livros, moedas, espadas cerimoniais)
- utilizar perfumes quentes e envolventes como canela e noz-moscada
- manter o ambiente em ordem, com disposição elegante e acolhedora

Seus ministros — Asaliah, Nadiel e Velel — atuam como administradores das graças divinas. Asaliah promove o discernimento ético; Nadiel supervisiona processos de justiça espiritual; e Velel regula o fluxo da generosidade justa, auxiliando na redistribuição harmônica dos recursos espirituais e materiais.

Sachiel também é chamado nos momentos de crise institucional, quando é necessário restaurar o equilíbrio entre autoridade e serviço, poder e humildade. Ele inspira os governantes justos e protege aqueles que exercem liderança com sabedoria e compaixão.

- Salmo sugerido: Salmo 112 — "Bem-aventurado o homem que teme ao Senhor e que em Seus mandamentos tem grande prazer..."

SEXTA-FEIRA — ARCANJO ANAEL
- Planeta: Vênus
- Funções: amor, união, beleza, reconciliação
- Cores associadas: rosa, branco, verde-claro
- Perfumes: rosa, jasmim, almíscar
- Ministros: Donquel, Arquel, Tubiel

Anael é o mensageiro do amor universal e da harmonia divina. Na sexta-feira, sua presença envolve o espaço ritual com suavidade, beleza e magnetismo afetivo. Este é o dia ideal para:

- consagrar relacionamentos e alianças amorosas
- realizar rituais de cura afetiva e perdão emocional
- trabalhar o amor-próprio e a reconciliação interna
- invocar bênçãos sobre a estética, a arte e a expressão sensível da alma

A influência venusiana se manifesta com doçura, porém com firmeza. O amor sob Anael não é apenas sentimental: é uma força restauradora que une fragmentos dispersos do ser e reverte padrões de rejeição ou autopunição. Anael é o artista angélico que modela a alma segundo sua beleza original — não como ornamento, mas como expressão autêntica da essência.

Características marcantes dos ritos venusianos:
- Pacificação dos vínculos afetivos — Anael favorece reconciliações profundas, baseadas na empatia e no reconhecimento mútuo
- Floração da autoestima espiritual — excelente para práticas que reativam o amor-próprio e curam feridas narcísicas
- Consagração da beleza como expressão divina — propício para trabalhos com a arte sagrada, o corpo como templo e a sensibilidade refinada
- Magnetismo relacional — potencia o campo áurico, tornando o operador mais receptivo e acolhedor em suas interações

Anael pede que o rito seja conduzido com ternura e intenção elevada. Este não é um dia para manipulações afetivas ou pedidos passionais egoístas, mas para ofertas sinceras de amor e integração. A estética do ambiente importa: flores frescas, velas suaves e símbolos de união são recomendados.

Sugestões práticas para sexta-feira:
- vestir roupas em tons rosa, branco ou verde-claro
- ornamentar o altar com flores, cristais de quartzo-rosa e imagens que evoquem o amor divino
- utilizar perfumes florais como jasmim ou essência de rosa

• meditar sobre o perdão como força alquímica e sobre o amor como ponte entre os mundos

Seus ministros — Donquel, Arquel e Tubiel — sustentam os aspectos mais sutis e refinados da atuação de Anael. Donquel atua na harmonização de casais; Arquel facilita a comunicação amorosa e sincera; Tubiel trabalha na cura das feridas emocionais profundas, sobretudo as ligadas a abandono, rejeição ou culpa.

Anael também é patrono dos vínculos espirituais: amizades iniciáticas, relações de alma e parcerias consagradas ao bem comum. Ele inspira fidelidade, ternura e inspiração estética — não apenas no amor romântico, mas também na vida contemplativa, na devoção e na criação artística.

• Salmo sugerido: Salmo 45 — "Formoso és Tu, mais do que os filhos dos homens; a graça se derramou em teus lábios..."

## SÁBADO — ARCANJO CASSIEL

• Planeta: Saturno
• Funções: disciplina, estrutura, proteção oculta, recolhimento
• Cores associadas: preto, chumbo, azul-escuro
• Perfumes: cipreste, âmbar negro
• Ministros: Maiel, Abiel, Urzla

Cassiel é o guardião dos limiares, o anjo que vela pelos mistérios do tempo e pela maturação silenciosa do espírito. A vibração de sábado é austera, introspectiva e profundamente contemplativa, favorecendo trabalhos de encerramento, rituais de selamento e reconstrução interior. Este é o dia ideal para:

- rituais de proteção e blindagem espiritual avançada
- encerramento de ciclos kármicos e pactos que já cumpriram seu papel
- trabalho com heranças espirituais, ancestrais e memórias longas
- consagração de objetos de legado, como grimórios, espadas ou joias sagradas

Cassiel não se revela com estrondo, mas com silêncio denso. Sua energia, regida por Saturno, impõe contenção e gravidade. Ele ensina o operador a lidar com os limites — do tempo, do corpo, das escolhas — como portais de sabedoria e não como prisões. Sob sua tutela, aprende-se a importância do ritmo lento, da paciência profunda e do recolhimento fértil.

Características essenciais dos ritos saturninos:
- Ambiente de recolhimento e seriedade — o silêncio externo deve refletir a escuta interior
- Encerramentos conscientes — propício para concluir processos, dissolver vínculos e selar espaços
- Fortalecimento de estruturas psíquicas — trabalhos para restaurar limites, identidade e soberania energética
- Contato com a ancestralidade — práticas de honras aos mortos, linhagens e heranças espirituais

Cassiel rege a solidão criativa e o tempo como instrumento de transmutação. Ele não atende clamores apressados nem invocações superficiais. Requer do operador introspecção, sinceridade e disposição para enfrentar o que é evitado. Seu campo vibracional é denso, mas incrivelmente transformador quando acessado com respeito.

Sugestões práticas para sábado:
- vestir roupas escuras ou em tons de chumbo, azul-escuro ou preto
- acender velas de cor escura e utilizar perfumes como âmbar negro ou cipreste
- manter o ambiente sóbrio, com iluminação baixa e atmosfera contemplativa
- incluir símbolos de Saturno, como a foice, a ampulheta ou o cubo

Seus ministros — Maiel, Abiel e Urzla — colaboram na estabilização do campo mágico, no recolhimento das forças dispersas e na sedimentação do aprendizado adquirido. Maiel atua sobre a disciplina; Abiel protege os portais energéticos durante o rito; e Urzla guarda os acessos do tempo espiritual, regulando os momentos de revelação ou ocultação.

Cassiel também rege as iniciações silenciosas, aquelas que não ocorrem em rituais públicos, mas na solidão do coração. Ele está presente nas noites escuras da alma, oferecendo um tipo de proteção que não impede a dor, mas dá forma a ela, tornando-a instrumento de alquimia. É sob sua égide que o operador aprende a se tornar seu próprio mestre, capaz de reconhecer a verdade sem adornos.

- Salmo sugerido: Salmo 90 — "Senhor, Tu tens sido o nosso refúgio de geração em geração..."
- Considerações Importantes
- Jamais misture arcanjos de diferentes dias em uma única operação. Cada dia possui uma vibração

espiritual distinta e um campo de atuação exclusivo. A sobreposição de forças celestes pode gerar ruído energético, confusão simbólica e até mesmo bloqueios rituais. A integridade de cada rito depende da pureza da invocação e da fidelidade ao fluxo temporal correspondente.

- Prepare-se sempre com antecedência. O sucesso do trabalho mágico está diretamente ligado à qualidade da preparação. Isso inclui confeccionar ou revisar os selos na véspera, organizar os instrumentos litúrgicos conforme o planeta regente, memorizar ou ensaiar as orações e alinhar a intenção interna. O preparo não é burocracia, mas consagração.

- A composição do círculo deve refletir a ordem celestial exata. Inscreva corretamente os nomes dos espíritos da hora, do arcanjo do dia, do rei do ar e dos ministros associados. Isso estabelece a geometria sagrada necessária para o ingresso das inteligências espirituais. A negligência nesse ponto pode comprometer a eficácia da evocação.

- Consagre seus instrumentos conforme o regente do dia. Isso não apenas fortalece a conexão com as esferas planetárias, mas também cria vínculos espirituais duradouros entre o operador e suas ferramentas. Uma espada consagrada ao Sol portará sempre a luz de Miguel; um incensário consagrado à Lua guardará a sensibilidade de Gabriel.

- Observe os sinais sutis antes e depois de cada operação. Muitas vezes, os anjos respondem por meio de sonhos, pressentimentos ou pequenas alterações no ambiente. O operador atento lê essas manifestações como confirmações, advertências ou complementos ao rito. A espiritualidade comunica-se por camadas, e a escuta fina é parte essencial do caminho.

• Respeite o silêncio ritual após o encerramento. Evite dispersar-se imediatamente. Mantenha o campo psíquico recolhido, sem conversas inúteis, sem exposição digital, sem intoxicação sensorial. Esse recolhimento pós-rito é o espaço onde as sementes lançadas poderão brotar.

Com este capítulo, o operador adquire não apenas um calendário místico, mas uma bússola angélica que orientará cada passo no templo e na vida. Cada dia revela-se agora como um portal vivo, cada arcanjo como um mestre silencioso, cada evocação como um encontro entre mundos.

# Capítulo 9
# Horas e Estações Mágicas

Para o praticante do Heptameron, tempo não é apenas duração: é qualidade. Cada instante carrega uma vibração específica, determinada pela rotação dos astros, pelas estações do ano e pelos ciclos invisíveis que ordenam o universo. Entender as horas mágicas e as estações não é uma curiosidade esotérica — é uma exigência fundamental do sistema. Isso porque, na tradição do Heptameron, cada rito é uma conversa precisa com inteligências celestes que se movem segundo ritmos próprios. O sucesso da operação depende, em grande parte, de realizar esse encontro no momento exato em que tais inteligências estão despertas, atentas e propensas à colaboração.

As horas planetárias, por exemplo, não são apenas convenções antigas: são janelas de acesso vibracional, fluxos de energia que se abrem e fecham com uma precisão que espelha a harmonia celeste. Ao alinhar-se com essas horas, o operador não está apenas obedecendo a uma regra — está sintonizando sua ação com a música silenciosa que rege o movimento das esferas. Essa sintonia confere potência, clareza e elegância ao rito, como uma vela que se acende no instante em que o vento sopra a favor.

O mesmo se aplica às estações mágicas. Não basta saber que é primavera ou inverno do ponto de vista meteorológico. O magista deve sentir a inflexão energética da estação, perceber como o mundo interior responde às mudanças da luz, da temperatura, do ritmo da natureza. A primavera não é apenas um tempo de flores: é o momento em que os impulsos criativos afloram com força, em que ideias adormecidas no inverno ganham corpo e direção. Ignorar essa qualidade vibracional e insistir em trabalhar temas de encerramento e recolhimento na estação do renascimento pode gerar fricções, dispersão de forças e resultados aquém do esperado.

Cada elemento do tempo mágico carrega uma inteligência própria, quase como se fossem espíritos do tempo. O operador que se dedica ao estudo das horas e das estações começa a perceber padrões, a antecipar tendências energéticas, a preparar-se com antecedência para os momentos de maior potência. Essa sabedoria do tempo é silenciosa e exige atenção, mas recompensa com precisão e beleza. Ao longo do tempo, o praticante desenvolve uma espécie de escuta interior — uma capacidade de perceber o momento certo como quem sente a mudança do vento antes da tempestade.

Essa escuta é parte essencial da magia do Heptameron. Os textos antigos falam em preparar-se "segundo a virtude do dia e da hora", o que implica não apenas uma adequação técnica, mas um estado de consciência afinado com o relógio celeste. O magista aprende, pouco a pouco, a viver dentro de um outro tempo — um tempo sagrado, onde cada instante tem peso, nome e direção. Um tempo que não corre, mas respira; que não se mede, mas se percebe.

Essa percepção altera profundamente a relação do praticante com o mundo. A segunda-feira deixa de ser apenas o início da semana: torna-se o dia de Gabriel, senhor das águas e dos mistérios lunares. A nona hora de um sábado passa a ser percebida como a hora de Marte, intensa, cortante, propícia a rupturas ou limpezas radicais. O verão, com sua luz alta e seus frutos expostos, convida a trabalhos de manifestação, enquanto o inverno, silencioso e profundo, favorece mergulhos na sombra e contato com os mortos.

Com o tempo, o magista passa a agir não de acordo com a urgência externa, mas segundo a cadência das esferas. Aprende a esperar a hora certa, mesmo que o desejo arda. Aprende a renunciar à pressa em nome da exatidão. Pois compreende que cada hora planetária, cada estação e cada signo trazem uma chave específica — e que forçar a fechadura quando a chave ainda não chegou é desperdiçar poder e sacrificar harmonia.

Por isso, no Heptameron, consultar o tempo é parte do rito. Observar o céu, verificar a hora planetária, reconhecer a estação e anotar o signo são gestos que afinam o operador com o universo. São, em si, atos devocionais. Como quem ouve o relógio do céu não para controlar, mas para participar. Porque operar dentro do tempo certo não é apenas garantir eficácia: é tornar-se parte do movimento divino que une Terra e Céu, corpo e espírito, instante e eternidade.

- A Natureza do Tempo no Heptameron

A Natureza do Tempo no Heptameron vai além de uma ordenação abstrata de momentos sucessivos: ela é a própria estrutura oculta sobre a qual a prática mágica se ancora. O tempo, nesse contexto, é uma tapeçaria viva, entrelaçada por linhas invisíveis que conectam o que está acima ao que está abaixo. Cada segmento dessa tapeçaria — dia, hora, estação — pulsa com uma inteligência própria, como se fosse um órgão do corpo cósmico. Compreender essa estrutura é mais do que uma exigência técnica: é um ato de reverência à ordem sagrada que sustenta a operação.

No universo espiritual descrito pelo Heptameron, o tempo não avança em linha reta. Ele se movimenta em espirais, em ciclos de abertura e fechamento que refletem o ritmo dos planetas, das estações e dos processos internos do próprio operador. Cada retorno não é repetição, mas aprofundamento. A segunda-feira de hoje não é igual à da semana passada: ela traz consigo um novo tom, uma nova nota na melodia do tempo, determinada pelas condições celestes daquele momento específico.

Essa concepção cíclica não é apenas poética — ela tem implicações práticas. Ao saber que cada dia da semana pertence a um planeta e a um arcanjo, o magista reconhece que está lidando com uma presença viva e especializada. Júpiter, por exemplo, não se manifesta da mesma forma que Marte. Suas qualidades, intenções e possibilidades são distintas. Trabalhar numa quinta-feira sem considerar a influência de Júpiter é como construir uma ponte sem observar a correnteza do rio. Pode até haver solidez na técnica, mas faltará harmonia com o fluxo do tempo.

Além disso, cada hora do dia está sob a regência de uma inteligência celeste específica. Essas inteligências são como guardiãs de portais temporais: abrem e fecham os acessos conforme a ordem do céu. Ignorar essa regência é, na prática, tentar entrar num templo quando as portas estão seladas. Pode-se forçar a entrada, mas o que se encontra dentro é confusão, eco, ausência de resposta. O tempo mágico, quando respeitado, responde com sincronicidade, clareza e potência. Quando ignorado, devolve silêncio, distorção e esforço sem fruto.

A analogia com a agricultura é particularmente fecunda: ninguém planta no inverno esperando florescer na primavera. Cada estação exige uma ação correspondente, e o tempo adequado multiplica os resultados com menos esforço. Assim também é com a magia. Trabalhar "fora de tempo" é como semear em solo gelado — pode haver intenção e dedicação, mas o terreno simplesmente não está receptivo. Por outro lado, um pequeno gesto realizado no tempo certo pode ter efeitos desproporcionais, como uma palavra dita na hora exata que transforma o destino de uma relação.

No Heptameron, essa sabedoria temporal não é deixada ao acaso. Ela está codificada em tabelas, nomes, sequências planetárias e correspondências angélicas que, quando devidamente compreendidas, revelam o mapa secreto da operação. O operador que aprende a decifrar esse mapa não apenas aumenta sua eficácia — ele se alinha com a inteligência do cosmos. Esse alinhamento é, em si, uma forma de iniciação: ensina paciência, escuta e presença. Ensina que o poder não está em dominar o tempo, mas em escutá-lo.

Assim, o tempo no Heptameron não é um cenário onde a magia acontece: ele é um participante ativo, um aliado ou um obstáculo, conforme for tratado. Respeitá-lo é honrar as leis invisíveis que regem os mundos sutis. É reconhecer que cada fruto tem seu tempo de maturação, e que colher antes da hora pode comprometer o sabor, a nutrição e até a semente futura. Trabalhar em consonância com o tempo é transformar o rito em dança, e não em disputa. É fazer da operação mágica um ato de comunhão com a sinfonia cósmica que pulsa em cada instante.

- As Horas Planetárias

Cada dia da semana contém 24 horas planetárias, que não correspondem às horas de relógio modernas. Elas são calculadas a partir do nascer e do pôr do sol, dividindo o período diurno e o período noturno em 12 partes iguais, independentemente da duração em minutos. Assim:

- As 12 horas do dia vão do nascer ao pôr do sol;
- As 12 horas da noite vão do pôr do sol ao nascer do dia seguinte.

Esse sistema reflete um entendimento antigo e profundamente espiritual do tempo: o tempo solar real, vivo, moldado pela rotação da Terra e pela relação direta com a luz do dia. Ele exige do praticante atenção constante à natureza e aos ciclos locais, pois cada localidade tem seus próprios horários de aurora e crepúsculo, influenciados pela estação e pela latitude. Não é um tempo fabricado por engrenagens e convenções, mas um tempo natural, orgânico, sensível às marés do céu.

Para calcular essas horas planetárias com exatidão, o operador deve observar os seguintes passos:

1. Consulte o horário exato do nascer e do pôr do sol para sua localização. Essa informação pode ser obtida por meio de almanaques astronômicos, aplicativos especializados ou observação direta e sistemática.

2. Subtraia o horário do nascer do sol do horário do pôr do sol para obter a duração total do dia. Se, por exemplo, o sol nascer às 6h e se puser às 18h, temos 12 horas de luz.

3. Divida esse valor por 12 — o resultado será o tempo de cada hora planetária diurna. No exemplo acima, cada hora planetária teria exatamente 60 minutos, mas isso só acontece nos equinócios. Em outras épocas, essa duração varia: no verão, as horas do dia se alongam e as da noite se contraem; no inverno, o oposto ocorre.

4. Repita o processo para o período noturno, do pôr do sol ao nascer do dia seguinte, obtendo assim as 12 horas planetárias da noite.

Esse método cria um tempo fluido, onde as horas não têm um comprimento fixo, mas respondem ao dinamismo da luz. Em alguns dias do verão, uma hora planetária pode ter 70 minutos; no inverno, pode ter apenas 50. Isso torna o tempo do Heptameron uma experiência contínua de afinação com a natureza e de rompimento com a rigidez artificial dos ponteiros. A consciência do operador deve se expandir para além da regularidade mecânica e entrar na dança viva do cosmos.

    A prática moderna facilita esse processo com o uso de ferramentas digitais. Existem aplicativos e sites confiáveis que fornecem automaticamente as horas planetárias para cada dia, em cada cidade, com base nos dados astronômicos. No entanto, muitos praticantes preferem realizar os cálculos manualmente, como forma de se envolver mais profundamente com o ritmo do céu e desenvolver um senso interno mais apurado de tempo sagrado.

    É importante destacar que o dia planetário começa com o nascer do sol, e não à meia-noite como no calendário civil. Isso significa que, para o Heptameron, uma segunda-feira só começa realmente ao amanhecer, quando a primeira hora é regida pela Lua. Assim, realizar um ritual de segunda-feira às 3h da manhã ainda está, tecnicamente, dentro do domingo planetário, pois a primeira hora de segunda só ocorre com o primeiro raio solar. Essa distinção é fundamental para evitar erros de sincronização energética.

    Cada hora é como uma maré espiritual que se eleva e recua, trazendo à tona certas forças e recobrindo outras. Ao saber exatamente que corrente atravessa o tempo naquele momento, o operador pode ajustar sua vela e seu leme, navegando com mais precisão e menos resistência. Ignorar esse fluxo é como remar contra o oceano, desperdiçando energia e comprometendo o destino do navio mágico. Por isso, a atenção às horas planetárias é um dos fundamentos práticos mais sólidos da tradição heptamerônica — um exercício de precisão, escuta e humildade diante da ordem celeste.

- Ordem dos Planetas nas Horas

A sequência das horas planetárias obedece a uma lógica ancestral conhecida como "ordem caldaica", que reflete a velocidade aparente dos planetas no céu a partir da Terra, do mais lento ao mais rápido:

Saturno → Júpiter → Marte → Sol → Vênus → Mercúrio → Lua

Essa sequência forma uma espiral contínua que não apenas organiza o tempo mágico, mas reflete uma harmonia cósmica profundamente enraizada nas observações astrológicas da Antiguidade. A ordem caldaica é, portanto, a espinha dorsal do tempo ritual no Heptameron.

- Como funciona: Cada dia começa com a hora planetária regida pelo planeta que dá nome ao dia. Por exemplo:
  - Domingo: 1ª hora → Sol
  - Segunda-feira: 1ª hora → Lua
  - Terça-feira: 1ª hora → Marte
  - Quarta-feira: 1ª hora → Mercúrio
  - Quinta-feira: 1ª hora → Júpiter
  - Sexta-feira: 1ª hora → Vênus
  - Sábado: 1ª hora → Saturno

A partir daí, a contagem das horas segue a ordem caldaica, reiniciando o ciclo a cada sete horas. Isso gera uma cadeia contínua de regências que cobre todas as 24 horas do dia e da noite, em uma cadência energética precisa.

- Implicações práticas: Essa estrutura implica que, mesmo dentro de um dia regido por um planeta, outras horas serão influenciadas por planetas distintos. Uma terça-feira (regida por Marte) conterá, em certos momentos, horas de Júpiter, Vênus, Saturno etc. Essa multiplicidade de influências torna cada dia uma tapeçaria de possibilidades — e reforça a importância de escolher não apenas o dia, mas a hora exata.
- Exemplo de sequência: Se a primeira hora da terça-feira é de Marte, as horas seguintes serão:
  - Marte
  - Sol
  - Vênus
  - Mercúrio
  - Lua
  - Saturno
  - Júpiter
  - Marte (reinício da sequência)
- ... e assim sucessivamente, até completar 24 horas.
- Utilidade mágica: Esse sistema permite ao operador:
- Planejar rituais com precisão vibracional, escolhendo não apenas o melhor dia, mas a melhor hora;
- Identificar oportunidades dentro de dias menos favoráveis (ex.: usar uma hora solar num dia de Saturno);
- Evitar dissonâncias, como realizar operações venusianas sob regência de Marte ou Saturno.

Dominar a ordem caldaica é, portanto, mais do que uma questão técnica — é uma forma de alinhar o próprio tempo interior ao ritmo das esferas, escutando o silêncio da rotação celeste como quem ouve uma música antiga e perfeita. Cada hora planetária é uma nota, e saber qual tocar é o que transforma o operador num verdadeiro músico do céu.

- Aplicações Práticas
- Inicie rituais na hora planetária que corresponde ao arcanjo invocado, pois essa correspondência cria uma ressonância direta entre o chamado do operador e a disposição vibracional do espírito celeste. Um ritual realizado na hora certa encontra a porta já entreaberta, facilitando o acesso e a comunicação.
- Evite iniciar operações em horas planetárias que contradizem sua intenção. Trabalhar com Anael, por exemplo, que rege o amor e a harmonia, na hora de Saturno, associada à limitação, à melancolia e à estrutura rígida, é como tentar fazer brotar flores em pedra. A natureza dos planetas imprime uma coloração específica ao tempo, e essa coloração pode favorecer ou dificultar a manifestação do desejo mágico.
- Use a hora de Mercúrio para consagrar textos, selos e grimórios. Mercúrio rege a linguagem, a escrita, a inteligência e a transmissão de saberes ocultos. Sua hora é especialmente adequada para gravar sigilos, copiar invocações sagradas ou confeccionar instrumentos de comunicação espiritual.
- Prefira a hora do Sol para iluminações, bênçãos e trabalhos de proteção. A luz solar, simbolicamente ligada à verdade, à clareza e à vitalidade, favorece operações de esclarecimento

interior, fortalecimento do campo áurico e consagrações em geral. Já a hora de Vênus é ideal para ritos de união, reconciliação, beleza e afeto, sendo particularmente potente para restaurar vínculos amorosos ou atrair amizades virtuosas.

- Os Anjos das Horas

Cada uma das 24 horas planetárias do dia e da noite possui, além de uma regência planetária, um anjo específico associado. Esses anjos são inteligências que se movimentam com a maré do tempo e manifestam qualidades espirituais compatíveis com o planeta dominante naquele momento. Trabalhar com esses anjos potencializa a precisão do rito, pois invocar o nome correto no tempo adequado cria um eco direto entre o céu e o círculo.

O Heptameron instrui que, ao preparar o círculo mágico, especialmente o círculo do meio, o operador inscreva cuidadosamente:

- O nome da hora (ex.: Primeira, Terceira, Nona), que indica a posição da hora dentro do ciclo planetário daquele dia;
- O nome do anjo da hora, consultado em tabelas angélicas confiáveis, que varia de acordo com o planeta regente daquela hora específica;
- O nome do arcanjo regente do dia, cuja presença orienta e sustenta a totalidade do rito.

Esses três nomes, quando alinhados corretamente, formam uma trindade simbólica que ancora o rito no tempo sagrado. É como se cada operação se tornasse uma carta entregue pessoalmente, no endereço, na data e na hora exata — e o destinatário, já desperto, estende a mão para recebê-la. A precisão desses nomes transforma o círculo em um selo vivo de autenticidade espiritual, capaz de ser reconhecido nas esferas invisíveis com clareza e respeito.

- Exemplo de Estrutura

Para que o praticante compreenda com clareza a aplicação concreta desses princípios, vejamos um exemplo detalhado. Suponha que o operador deseje realizar uma operação de purificação e revelação oracular em uma segunda-feira, logo após o nascer do sol. Esta escolha não é aleatória: a segunda-feira está sob a regência de Gabriel, arcanjo associado à Lua, à água e aos mistérios ocultos. A natureza receptiva e intuitiva desse dia o torna propício para práticas de introspecção e revelação simbólica.

Considerando que o Sol nasceu às 6h00, a primeira hora planetária terá início nesse momento e será regida pela Lua. A segunda hora planetária, que começa logo após, será regida por Saturno — planeta ligado à estrutura, à disciplina e ao tempo profundo. A escolha dessa hora pode parecer paradoxal, já que Saturno é uma força mais lenta e densa. No entanto, essa densidade pode ser precisamente o que oferece sustentação ao trabalho oracular, impedindo que ele se dissipe em fantasias e mantendo-o ancorado numa escuta silenciosa e madura.

Assim, ao preparar o círculo mágico, o operador deve inscrever com exatidão os elementos temporais correspondentes:

- Dia: Segunda-feira
- Arcanjo: Gabriel

- Hora: Segunda hora (regida por Saturno, nesse exemplo)
- Anjo da hora: nome específico correspondente a Saturno, extraído de tabelas tradicionais — por exemplo, Cassiel, se adotada uma linha cabalística comum.

Além disso, como essa operação acontece na estação do inverno (suponhamos o mês de junho no hemisfério sul, o que se alinha com a data de hoje), o círculo do meio também deverá conter:

- Nome da estação: Inverno
- Cabeça do signo atual: por exemplo, Câncer, se o Sol estiver nesse signo (o Sol entra em Câncer por volta de 20 ou 21 de junho).
- Nomes simbólicos da Terra, do Sol e da Lua para o inverno: Ignis, Shemesh, Lunastra.

Cada uma dessas inscrições atua como um selo vibracional que harmoniza a operação com o tempo cósmico. O nome da hora evoca o momento exato, o anjo da hora estabelece o canal de comunicação, o arcanjo do dia consagra a intenção maior da prática. Os nomes estacionais, por sua vez, chamam à presença as qualidades arquetípicas da Terra, do Sol e da Lua naquele ciclo do ano.

Esse cuidado com os detalhes temporais não é apenas ornamental — ele molda o campo invisível no qual o rito se desenrola. Ao operar com precisão, o magista torna-se um artífice do tempo, alguém que reconhece que toda porta espiritual tem uma fechadura própria, e que cada fechadura responde a uma combinação única de nomes, horas e estações. É essa

combinação que transforma o gesto ritual em ponte entre mundos.
- Os Signos e Cabeças Zodiacais

Além das estações, o Heptameron faz referência à "cabeça do signo que governa a estação". Trata-se de uma correspondência astrológica associada ao zodíaco tropical:
- Primavera: Áries, Touro, Gêmeos
- Verão: Câncer, Leão, Virgem
- Outono: Libra, Escorpião, Sagitário
- Inverno: Capricórnio, Aquário, Peixes

Essas triplicidades não são apenas agrupamentos temporais, mas expressões vivas da qualidade espiritual que permeia cada trimestre. A "cabeça" do signo — isto é, o signo que inicia a estação — imprime sua força predominante no ciclo que se segue, como um tom fundamental que ressoa através de suas modulações seguintes. Áries, ao inaugurar a primavera, irrompe como impulso vital, anunciando movimento, ruptura com a estagnação e abertura de caminhos. Câncer, no início do verão, estabelece um campo protetor e nutridor, enquanto Libra equilibra a balança no outono e Capricórnio estrutura os alicerces no inverno.

Dentro de cada estação, o signo atual — aquele sob o qual o Sol transita no momento do rito — pode e deve ser registrado no círculo do meio. Essa anotação não é um detalhe secundário, mas uma chave interpretativa poderosa. Ela permite ao operador ajustar a operação de acordo com a simbologia e a regência daquela configuração celeste. Por exemplo:

- Em Leão: favorece trabalhos de liderança, força e exposição pública.
- Em Peixes: favorece intuições, sonhos, práticas devocionais.

O signo ativa determinadas camadas da psique, e sua energia modula tanto a intenção quanto o resultado da operação. Em Gêmeos, pode-se trabalhar a comunicação com mais leveza e agilidade; em Escorpião, a introspecção ganha profundidade e intensidade. Assim, a integração do signo vigente ao ritual confere precisão simbólica, afinando o gesto mágico à linguagem do céu naquele momento.

- Os Nomes da Terra, do Sol e da Lua

O Heptameron instrui que sejam inscritos no círculo os nomes simbólicos da Terra, do Sol e da Lua correspondentes à estação. Esses nomes são extraídos de tradições cabalísticas e herméticas e não possuem tradução literal ou correspondência direta com idiomas profanos. São chaves vibracionais, selos sonoros que condensam em si as qualidades ocultas dos elementos que nomeiam.

- Exemplo (variações possíveis):
- Primavera:
- Terra: Auria
- Sol: Sorat
- Lua: Levana
- Verão:
- Terra: Ignis
- Sol: Shemesh
- Lua: Lunastra

Esses nomes, quando inscritos e invocados corretamente, funcionam como "chaves vibracionais" que abrem o campo para que a energia da estação e dos astros colabore com o rito. Não são meras designações simbólicas, mas fórmulas arquetípicas — nomes que chamam à presença as potências ocultas da natureza, ajustando o rito à respiração secreta da Terra e dos céus.

Em rituais realizados no outono, por exemplo, os nomes inscritos evocam as forças da colheita e da introspecção, enquanto no inverno, ativam a sabedoria silenciosa das raízes e dos ancestrais. O uso desses nomes transforma o círculo mágico num ponto de convergência entre as esferas: o plano terreno é elevado ao celeste, e o celeste é ancorado no terreno. A operação mágica, assim, não se impõe sobre o tempo, mas se enraíza nele como um fruto maduro que brota na estação certa.

- Recomendações para o Praticante
- Mantenha um caderno de registros com as horas planetárias e resultados percebidos. Esse diário não deve ser apenas uma lista de datas e horários, mas um espelho da jornada interior. Nele, o operador anota não só os dados técnicos — como hora, planeta, arcanjo e estação —, mas também impressões subjetivas, sinais recebidos, sonhos posteriores, estados emocionais, obstáculos inesperados ou sincronicidades marcantes. Com o tempo, esse registro revela padrões invisíveis e serve como um mapa pessoal de navegação temporal.
- Estude os efeitos das estações sobre seu estado espiritual. Não basta reconhecer que é outono no calendário: é preciso observar como o outono se

manifesta no corpo, nos sonhos, no desejo e no ritmo interno. Cada estação traz consigo uma convocação específica. A primavera exige abertura; o verão, expressão; o outono, depuração; o inverno, recolhimento. O operador sensível aprenderá a perceber essas inflexões não como clima, mas como estados da alma.

• Evite improvisar: planeje com antecedência a hora, o dia e a estação de cada operação. A espontaneidade, quando se trata do tempo mágico, pode ser um erro disfarçado de entusiasmo. A preparação cuidadosa é uma forma de reverência. O planejamento não impede a intuição — pelo contrário, dá-lhe estrutura. Escolher a hora errada por descuido equivale a comparecer a uma audiência antes do tribunal estar aberto. O verdadeiro magista sabe que cada espírito tem sua agenda, e o céu não se curva aos caprichos da pressa.

• Faça da consulta ao tempo um ritual em si — silencioso, devocional, como quem ouve o relógio do céu. Antes mesmo de iniciar o rito, o ato de observar o nascer do sol, calcular as horas, identificar o signo e sentir a estação deve ser realizado com a mesma presença que se exige no altar. Essa consulta é, em si, uma forma de oração: um gesto que afina a mente ao pulso das esferas. É nesse instante que o tempo deixa de ser cenário e se torna interlocutor.

• Integração com os Círculos

No capítulo sobre os círculos mágicos, vimos que o círculo do meio contém os dados do tempo:

• Nome do anjo da hora

- Nome do arcanjo do dia
- Nome da estação
- Cabeça do signo zodiacal
- Nomes da Terra, do Sol e da Lua

Essa inscrição transforma o círculo em um relógio astrológico vivo, um altar que reflete a ordem dos céus sobre a Terra. Mais do que marcas simbólicas, esses nomes atuam como ancoragens vibracionais. Eles sintonizam o espaço ritual ao momento cósmico, como quem ajusta a frequência de um instrumento para que ele ressoe com a orquestra celeste. Quando todos os elementos estão alinhados — o anjo da hora, o arcanjo do dia, a estação vigente, o signo e os nomes ocultos dos astros —, o círculo deixa de ser apenas uma forma traçada no chão: torna-se uma interseção precisa entre o invisível e o visível, onde o tempo, o espaço e o espírito convergem em uma única nota. É nessa nota que a palavra mágica será entoada — e o universo ouvirá.

Esse conhecimento refinado do tempo transforma o operador em algo mais do que um executor de fórmulas: faz dele um interlocutor sensível do universo, alguém que lê os sinais do céu com a mesma reverência com que se escuta uma voz sagrada. Cada cálculo, cada nome inscrito, cada escolha de hora e estação não são apenas componentes técnicos, mas gestos de sintonia com um cosmos vivo e inteligente. Assim, o tempo deixa de ser um pano de fundo indiferente e revela-se como um aliado silencioso, um parceiro de dança que responde com precisão à presença do magista atento.

# Capítulo 10
# Preparando O Ritual De Conjuração

Chegamos ao limiar. Até aqui, o leitor percorreu uma jornada de compreensão e preparação: da origem do Heptameron ao sentido de seus dias, da consagração do círculo à bênção dos instrumentos. Agora, todos os elementos começam a se alinhar — e o operador se encontra pronto para o rito central deste grimório: a conjuração. Este capítulo, portanto, não é apenas um guia técnico. É um portal. Aqui, integramos corpo, mente, espírito, tempo, espaço e intenção em uma sinfonia espiritual que culmina na presença do invisível.

Conjurar, no contexto do Heptameron, não significa apenas chamar: é dispor-se a um encontro que envolve risco e revelação. Não há espaço para automatismos. Cada invocação é um acontecimento único, nascido do entrelaçamento preciso de todos os fatores estudados nos capítulos anteriores. A conjuração exige que o operador esteja inteiro — intelectualmente lúcido, emocionalmente centrado, energeticamente puro e espiritualmente humilde. Não se trata de forçar a aparição de um ser invisível, mas de criar as condições ideais para que sua presença se revele de forma natural, orgânica e segura.

Para isso, o operador deve compreender que o rito não começa com a pronúncia da fórmula, mas com a disposição interna. Desde o momento em que se decide pela operação, o tempo já começa a se dobrar ao redor da intenção. Sonhos se modificam, sinais aparecem, resistências emergem. Tudo isso faz parte do processo. O magista aprende a ler esses movimentos como parte da própria conjuração — pois o espírito não responde apenas à voz, mas ao ser que se torna audível através dela.

Assim, cada etapa de preparação estudada até aqui — o calendário, a escolha da hora, o estudo das estações, a consagração dos instrumentos, a purificação do corpo e do espaço — não são pré-requisitos externos, mas partes de um mesmo corpo ritual. A conjuração é o coração desse corpo, mas o sangue que o alimenta vem da atenção a cada detalhe. O silêncio do espaço, a firmeza do círculo, a exatidão dos nomes, o brilho da vela, o aroma do incenso — tudo compõe o ambiente vibracional que possibilita o contato entre mundos.

Por isso, este capítulo deve ser lido com mais do que atenção: com reverência. Ele não apresenta apenas instruções; ele abre uma passagem. O que se descreve aqui é um limiar entre dois estados de realidade — e atravessá-lo requer presença. O leitor que chegou até aqui não é mais um curioso: é um iniciado. E como tal, está pronto para pronunciar as palavras que unem céu e terra, tempo e eternidade, desejo e revelação.

- A Importância da Preparação Completa

O ritual de conjuração não começa com palavras solenes ou gestos dramáticos. Começa dias antes, no silêncio da intenção. O operador não improvisa. Ele observa o tempo, estuda os anjos, purifica o corpo, consagra os utensílios, silencia a mente e aclara o propósito. A conjuração é o ápice, mas sua base é ampla e profunda.

Preparar-se para conjurar é como afinar um instrumento antes de uma apresentação sagrada: não se trata apenas de saber tocar, mas de fazê-lo no tom certo, na hora certa, diante da presença certa. O magista que respeita essa preparação compreende que o invisível responde ao cuidado, à devoção e à disciplina.

Nada é secundário. Cada detalhe importa:

- A hora precisa — escolhida com base na regência planetária e na disposição angélica correspondente, pois é nesse compasso que o espírito se move;
- A estação adequada — pois as qualidades vibracionais do tempo influenciam diretamente o tipo de presença espiritual que se manifesta;
- O círculo corretamente traçado — porque ele não é apenas um símbolo, mas uma âncora energética que delimita e consagra o espaço da operação;
- O incenso certo — que atua como chave aromática, afinando o campo sutil e convidando a presença invisível;
- O fogo purificado — não apenas aceso, mas consagrado, representando o espírito, a luz e o verbo divino que deve ser aceso no coração do operador;
- As palavras sagradas memorizadas ou impressas com reverência — pois cada nome

pronunciado tem peso espiritual, e sua vocalização correta é um chamado vibracional que ecoa nas esferas sutis.

Sem essa base, o ritual é apenas teatro. Com ela, torna-se invocação. E mais do que isso: torna-se um pacto de escuta e presença, uma abertura legítima do véu entre os mundos. Quem se prepara com verdade não apenas realiza o rito — ele é transformado por ele. Pois o invisível não se manifesta onde há desordem, distração ou presunção. Ele se faz presente onde encontra morada, atenção e respeito.

A preparação completa, portanto, não é apenas uma exigência técnica — é um gesto de hospitalidade espiritual. É como preparar a casa para receber um hóspede sagrado. E quanto mais íntima for essa preparação, mais natural será o encontro, mais profunda a escuta, mais real a presença.

- O Momento Ideal

Antes de tudo, determine o melhor dia e hora. Essa escolha não é apenas estratégica — é espiritual. O tempo, no Heptameron, não é um pano de fundo passivo, mas um campo vivo de inteligências que respondem com precisão ao chamado adequado.

- Escolha o dia regido pelo arcanjo com o qual deseja trabalhar. Cada arcanjo governa um dia da semana e manifesta qualidades distintas. Ao alinhar sua operação com esse regente, você garante uma consonância fundamental entre o objetivo do rito e o espírito que o sustenta. Deseja cura, sabedoria, justiça, reconciliação? A resposta começa pelo calendário.

- Calcule a hora planetária adequada. As horas mais propícias são, em geral, a primeira e a oitava do dia, pois a primeira marca o início vibracional da regência e a oitava repete esse impulso com uma força de estabilização. Use tabelas confiáveis ou aplicativos astrológicos para determinar essas horas com precisão, considerando sua localização geográfica e a estação.
- Observe a lua. A lua atua como espelho e amplificador dos desejos humanos. Em lua nova, favorecem-se começos silenciosos; em crescente, iniciativas e construções; na cheia, manifestações e revelações; na minguante, banimentos, cortes e encerramentos. Conjurar na fase errada pode gerar distorções ou silêncios.
- Considere a estação do ano. Cada estação imprime uma coloração arquetípica ao tempo: a primavera é expansão, o verão é manifestação, o outono é colheita e introspecção, o inverno é profundidade e dissolução. Ao conjurar, inscreva essa qualidade no rito: ela moldará não apenas o que se manifesta, mas como e com que intensidade.
- Registre tudo. Anote em seu diário mágico: o dia escolhido, a hora, o planeta regente, a fase da lua, a estação, o signo solar, os nomes astrais. Esse registro não é apenas uma memória — é um ato devocional. Escrever é fixar no mundo visível aquilo que já vibra no invisível. É também um instrumento de aprendizagem futura, permitindo que você reconheça padrões, entenda respostas e refine sua prática.

O momento ideal não é aquele em que tudo está disponível externamente — é aquele em que você se tornou disponível internamente. Quando o tempo externo e o tempo interno coincidem, a conjuração se torna inevitável, natural, potente. Escolher esse momento com reverência é o primeiro sinal de que se está pronto para receber o que o invisível tem a oferecer.

- O Espaço Sagrado

O local da conjuração deve estar isolado, limpo e energeticamente protegido. Idealmente:

- Um cômodo consagrado exclusivamente ao trabalho espiritual — não um espaço improvisado, mas um lugar que, com o tempo, se impregna da memória vibracional dos ritos, tornando-se um ponto estável entre os mundos;
- Paredes limpas, sem eletrônicos ativos — pois o excesso de ruído eletromagnético interfere na qualidade da percepção sutil;
- Ventilação natural, se possível, mas sem correntes de ar — para que os elementos estejam presentes em sua pureza, sem dispersar os aromas e as chamas sagradas;
- Iluminação suave ou apenas a luz das velas — pois o excesso de luz artificial dilui a presença do mistério;
- Um altar fixo ou móvel voltado para o leste — direção do nascimento da luz, ponto de partida da manifestação espiritual.

Antes de qualquer desenho ritual, execute uma purificação do espaço. Isso deve ser feito com paciência e intenção plena, como quem prepara um santuário para a visita de uma presença real. Essa purificação segue quatro etapas essenciais:

1. Limpeza física: varrer o chão, organizar objetos, remover tudo o que é desnecessário. O mundo espiritual responde à ordem visível, e o desleixo material é um obstáculo vibracional.

2. Purificação com salmo ou mantra: a vibração da palavra sagrada atua como som consagrante. Recite o Salmo 51:7 ("Asperges me, Domine, hyssopo, et mundabor...") com reverência, ou outro verso consagrado em sua tradição.

3. Defumação com os perfumes consagrados: prepare o incenso correspondente ao anjo ou arcanjo a ser invocado. A fumaça não apenas limpa o ambiente, mas eleva sua frequência, tornando-o receptivo ao sutil.

4. Traçado do círculo com giz, corda ou tinta lavável: faça-o com precisão, consciência e silêncio. O círculo é um limiar: não é apenas delimitador, mas um campo vibracional específico, onde o encontro poderá acontecer sem interferência externa.

Durante cada uma dessas etapas, mantenha o espírito recolhido. Escute o espaço. Sinta a densidade vibracional se modificar. Saiba que tudo o que se realiza visivelmente é apenas reflexo do invisível. Ao preparar o lugar, você prepara a si mesmo. Ao ordenar o ambiente, você ordena o mundo interno. Ao traçar o círculo, você traça o limiar entre o humano e o divino.

- O Operador e Seu Estado Interior

No dia anterior ao rito, recomenda-se jejum parcial (ou alimentar-se com simplicidade), abstinência sexual, afastamento de estímulos mundanos, meditação silenciosa e leitura dos salmos correspondentes ao anjo invocado. Durante esse período:

• Visualize a presença da inteligência espiritual com a qual pretende trabalhar.

• Reforce sua intenção com clareza: o que você deseja saber, curar ou transformar?

• Durma cedo, evite distrações e reveja o roteiro completo do ritual.

Esse recolhimento não é uma formalidade moralista, mas um alinhamento vibracional. O corpo, ao abster-se dos excessos, afina-se ao sutil. A mente, ao se libertar dos ruídos ordinários, torna-se receptiva. O coração, ao silenciar-se, escuta o que não pode ser dito.

A veste ritual é mais do que um adorno simbólico — é uma extensão da consciência mágica. O operador deve vestir a túnica consagrada, de preferência branca (símbolo de pureza e luz) ou preta com detalhes dourados ou púrpura (representando poder, sabedoria e realeza espiritual), conforme a tradição adotada. Essa veste separa o profano do sagrado e informa aos mundos invisíveis que aquele corpo já não opera como um indivíduo comum, mas como um representante da vontade superior.

No cinto, pode portar o pentáculo, o sigilo do anjo e as orações impressas — não como acessórios, mas como focos de presença. Cada símbolo carrega uma memória espiritual, uma ponte entre o nome e o ser nomeado.

Os pés devem estar descalços — em sinal de humildade e conexão direta com o chão consagrado — ou calçados com sandálias ritualísticas que não tenham sido usadas para outros fins. A cabeça, se possível, deve estar coberta com um véu leve ou capuz, pois o véu representa o mistério que se revela apenas ao coração que se curva.

Nada disso é superstição. Tudo isso é linguagem. E o invisível escuta. A forma como o operador se apresenta ao rito revela a seriedade com que ele trata o encontro. É preciso recordar: não se vai ao encontro do sagrado com pressa, nem com vaidade. Cada gesto, cada silêncio, cada escolha é uma nota da sinfonia que se está prestes a reger. E o espírito, como um músico atento, só entra no compasso quando sente que a música já começou dentro do coração do invocador.

- Disposição dos Elementos no Espaço

A organização do espaço ritual não é arbitrária. Cada objeto possui um lugar preciso, cada posição carrega um sentido. O círculo, como reflexo da ordem cósmica, exige simetria, equilíbrio e intenção.

No interior do círculo:

- O operador — no centro, como eixo entre o céu e a terra. Sua postura deve ser firme, mas receptiva. Ele não comanda: escuta, invoca, alinha.

- O livro com os salmos e conjurações — colocado ao alcance da mão, preferencialmente sobre um suporte limpo ou altar portátil. Não deve tocar o chão.

- A varinha ou bastão consagrado — à direita do operador, representando a direção ativa da vontade, o canalizador da intenção.

- Um incensário com o fogo exorcizado — à esquerda, pois ali arde o elemento que purifica, eleva e convida. O incenso deve ser reacendido sempre que necessário, mantendo o fluxo aromático contínuo.

- Os perfumes — dispostos com ordem e nomeados segundo sua função. Devem estar identificados, em recipientes consagrados e manipulados com parcimônia.
- A lâmpada ou vela ritualística — no ponto frontal do círculo, voltada para o leste, pois ali nasce a luz do espírito. Essa chama não deve ser apagada antes do encerramento completo do rito.

No exterior do círculo:
- Os nomes dos anjos do ar nos quatro cantos — estes devem ser posicionados com precisão: Oriens (leste), Paymon (oeste), Egyn (norte), Amaymon (sul). Os suportes podem ser panos brancos, papéis consagrados ou inscrições discretas no chão.
- Os pentagramas nos quatro ângulos — protegendo os limites do círculo, funcionando como selos vibracionais contra interferências. Devem estar voltados para fora, com a ponta superior voltada ao céu, e seus traços feitos com tinta, giz ou gravados em suportes fixos.

No círculo do meio:
- Nome da hora — escrito no idioma ritualístico adotado (latim, hebraico ou grego), com caligrafia clara e firme.
- Nome do anjo da hora — inscrito ao lado ou abaixo do nome da hora, invocando sua qualidade vibracional no tempo escolhido.
- Nome do arcanjo do dia — disposto no quadrante correspondente à sua regência, em destaque visual.

- Nome da estação — pode ser inscrito no chão ou entoado antes do início da invocação, contextualizando o rito na paisagem temporal.
- Cabeça zodiacal — signo vigente no momento do rito, símbolo arquetípico das energias que permeiam o céu.
- Nomes da Terra, Sol e Lua — estes devem estar em harmonia com os demais e ser posicionados nos pontos cardeais apropriados: Terra ao centro, Sol ao leste, Lua ao oeste.

Esses dados devem ser inscritos com tinta consagrada, utilizando-se pena ritualística ou pincel fino, ou então entoados com precisão e reverência durante o traçado do círculo. O mais importante não é a beleza gráfica, mas a consciência plena ao escrevê-los. Cada nome é um selo, cada palavra é um portal. Ao inscrevê-los, o operador ancora o céu na terra e transforma o espaço num espelho vibrante das esferas celestes.

- Silêncio e Abertura

Com tudo disposto, acenda a vela principal e faça uma oração silenciosa. Este momento é crucial: você está prestes a abrir um campo entre mundos. Mantenha o foco, respire profundamente, não force visualizações. Apenas esteja presente.

Silêncio, aqui, não é ausência de som, mas presença absoluta. Ele é o véu antes do nome, o ventre do verbo. Estar em silêncio é tornar-se espaço receptivo, permitir que o espírito fale não às palavras, mas ao âmago do ser. Durante esses instantes iniciais, nada deve ser apressado. Olhe ao redor. Reconheça o que foi erguido. Reconheça-se como aquele que ergueu.

Em seguida, aproxime-se do centro do círculo e, com o coração recolhido, pronuncie:

"Em nome do Altíssimo, eu abro este espaço com reverência, para que os mensageiros da Luz se façam ouvir, e que nenhuma força obscura possa penetrar aqui. Que assim seja."

Essa declaração inicial é mais que uma invocação: é uma delimitação vibracional. Com ela, o operador estabelece que a conjuração ocorrerá dentro de um pacto de luz, sob a autoridade superior, excluindo qualquer interferência que não pertença ao escopo da operação.

• Sequência Prática Recomendada

1. Abertura do ritual: mantenha alguns minutos de silêncio, em pé ou ajoelhado dentro do círculo, com os olhos semicerrados. Respire com consciência. Sinta o corpo como parte do espaço e o espaço como parte do corpo. Faça uma prece espontânea ou litúrgica que invoque proteção, clareza e humildade.

2. Acendimento do incenso: utilize a fórmula consagrada aprendida durante as práticas de purificação. A chama deve ser acesa com reverência, e o incensário posicionado de modo que a fumaça ascenda livremente. Visualize a espiral do aroma como ponte entre os planos.

3. Aspersão do círculo: com um ramo de hissopo ou outro instrumento consagrado, mergulhe na água lustral e trace o perímetro do círculo com o gesto de aspergir. Enquanto isso, repita o versículo do Salmo 51: "Asperges me, Domine, hyssopo, et mundabor:

lavabis me, et super nivem dealbabor." Faça-o com voz firme, mas serena.

4. Acendimento da lâmpada: use o fogo exorcizado para iluminar a lâmpada ritual ou vela central. Esta luz representa a centelha divina, a consciência desperta no coração do rito.

5. Declaração de intenção: volte-se ao centro e fale claramente, em voz audível, o propósito da operação. Diga o que busca com a conjuração — cura, orientação, revelação. Não peça, proclame. O espírito responde à clareza, não à hesitação.

6. Leitura do salmo apropriado: com o livro já disposto, leia com dicção precisa o salmo correspondente ao arcanjo regente do dia. A voz deve ser usada como instrumento, cada palavra lançada com intenção plena.

7. Entoação do nome do anjo: pronuncie, três vezes, o nome do anjo da hora, no ritmo respiratório da sua concentração. Pode ser cantado em tom monótono, vibrado em sussurro ou entoado com modulação cerimonial.

8. Recitação da conjuração primária: essa é a prece formal de invocação, geralmente retirada do próprio Heptameron. Leia-a ou recite-a de memória com toda a presença e domínio que puder reunir. Neste momento, você está oficialmente estabelecendo o contato.

Neste momento, observe.

Sinais podem ser sutis: alteração do ar, calor, aroma repentino, sensação de presença. Mantenha-se calmo, não interrompa a sequência. A manifestação visível nem sempre ocorre como a imaginação espera — mas a presença espiritual se faz notar de outras maneiras.

A escuta é a verdadeira chave. O espírito, uma vez convocado em harmonia, responde com linguagem própria. Cabe ao operador não buscar formas, mas deixar-se tocar por significados. Permanecer nesse estado é manter o portal aberto — com respeito, vigilância e confiança.

- Registro e Encerramento

Após a conjuração:

- Agradeça à presença angélica, mesmo que não tenha percebido sinais claros.
- Faça uma oração de encerramento (ex.: Salmo 91).
- Peça proteção e retire-se do círculo apenas após apagar o fogo, recolher os instrumentos e desfazer simbolicamente o traçado.
- Escreva no diário mágico:
- Dia, hora e data;
- Sensações percebidas;
- Erros ou distrações ocorridas;
- Inspirações ou mensagens recebidas.

Este diário será seu espelho e mapa nas futuras operações.

O momento pós-rito não é uma simples conclusão técnica: é uma etapa sagrada por si só. Encerrar corretamente o ritual é tão vital quanto iniciá-lo com pureza, pois o campo aberto entre os mundos precisa ser dissolvido com a mesma reverência com que foi erguido. Agradecer à presença, mesmo que sutil ou imperceptível, é um gesto de humildade espiritual — pois nem sempre os sentidos ordinários captam a totalidade do que foi visitado. A gratidão expressa em palavras ou em silêncio sela o pacto de respeito e prepara o espírito para a despedida.

A oração final, como o Salmo 91, atua como um manto vibracional. Suas palavras revestem o operador e o espaço com uma frequência de proteção e recolhimento. É como se o universo ouvisse um "amém" vibracional que recolhe as ondas espalhadas e resguarda o operador dos ecos que ainda podem ressoar nas camadas sutis. Não se deve abandonar o círculo abruptamente. Cada vela deve ser apagada com intenção, cada instrumento recolhido com delicadeza. A água restante da purificação pode ser derramada sobre a terra, como oferenda final. O traçado do círculo deve ser desfeito com o mesmo cuidado com que foi criado, caminhando em sentido inverso, com um gesto que informe ao invisível que o portal foi encerrado. Esse desfazimento simbólico não rompe o sagrado — ele o acomoda novamente no invisível.

O diário mágico, por sua vez, não é um capricho literário, mas um instrumento iniciático. Escrever o que foi vivido — com sobriedade, sem exageros nem desconfiança — permite que o rito continue vivo no tempo. Registrar as sensações, as possíveis falhas, as mensagens percebidas ou mesmo os silêncios carrega um valor alquímico: transforma a experiência em conhecimento. Muitas vezes, a revelação não ocorre no momento do rito, mas no eco que ele produz nos dias seguintes. Um sonho, uma sincronicidade, uma lembrança súbita podem ser respostas retardadas à conjuração. E sem o registro, esses sinais se dissipam como fumaça.

Ao anotar tudo com honestidade, o magista se aproxima de si mesmo como quem escuta um oráculo interno. Com o tempo, esses registros formam uma cartografia pessoal do invisível — mostram padrões, revelam tendências, indicam mudanças sutis na sensibilidade. São mapas vivos de uma jornada espiritual que não se mede apenas pelo que se vê, mas pelo que se transforma.

Se durante o rito houve distrações, esquecimentos ou desequilíbrios emocionais, eles devem ser descritos sem julgamento. O diário não é um tribunal, mas um espelho. É nesse reflexo honesto que o operador aprende a reconhecer os pontos que exigem mais atenção ou mais entrega. A prática espiritual não é feita de performances impecáveis, mas de presenças verdadeiras. E mesmo os erros, quando observados com humildade, tornam-se mestras discretas.

Por fim, o encerramento não termina quando se fecha o diário, mas quando o operador retorna ao cotidiano sem romper o fio sutil da consciência. A vivência do rito reverbera por horas ou dias. É natural sentir-se mais sensível, introspectivo ou, por vezes, inexplicavelmente tocado. É preciso permitir-se essa travessia sem tentar nomeá-la cedo demais. Ao sair do espaço ritual, caminhe em silêncio por alguns instantes, beba água, respire fundo. Permita que a alma se realinhe ao corpo, que o corpo se acomode novamente ao mundo.

Conjurar é abrir uma porta. Encerrar é fechá-la com reverência. E escrever é lembrar-se de que aquela porta pode ser aberta novamente — não pela força, mas pelo caminho da escuta.

- Recomendações Éticas
- Nunca conjure por vaidade, vingança ou manipulação alheia.
- Nunca repita um ritual com obsessão.
- Não mude os salmos, nomes ou horários à sua conveniência.
- Respeite o invisível como respeitaria um ser amado.

A ética mágica não é uma coleção de regras exteriores impostas por uma autoridade; é a expressão natural de uma consciência desperta que reconhece sua coautoria no tecido do real. Conjurar, no contexto do Heptameron, não é exercer poder sobre o invisível, mas entrar em aliança com ele. E toda aliança só se sustenta pela fidelidade a princípios sutis, mas inegociáveis. A vaidade, por exemplo, é um ruído dissonante que desestabiliza a harmonia do rito. Invocar uma inteligência espiritual com o desejo secreto de mostrar-se mais poderoso ou mais sábio que os outros não apenas empobrece a operação, mas atrai respostas distorcidas, pois o espírito chamado percebe não o verbo, mas a intenção.

A obsessão também fere a natureza do rito. O Heptameron ensina que há um tempo para cada coisa — e repetir um ritual insistentemente, por ansiedade ou impaciência, desrespeita esse ritmo. Tal insistência fragiliza o operador, desequilibra o campo e, em vez de ampliar a conexão, a estreita. O invisível responde com delicadeza, não com insistência. Há um ciclo de escuta e reverberação que precisa ser respeitado. A repetição deve vir do chamado interno legítimo, não do desejo de controlar o resultado.

Modificar os salmos, os nomes ou os horários por conveniência pessoal é outro gesto de desvio ético. Cada elemento do ritual foi concebido para ressoar em um campo específico de forças, e sua alteração arbitrária desfigura essa geometria sagrada. A tradição não é um cárcere, mas uma linguagem. E como toda linguagem, tem suas regras internas que garantem a transmissão precisa daquilo que se quer comunicar. Mudar essas regras à revelia equivale a distorcer a mensagem antes mesmo de enviá-la — e, por consequência, a fechar o canal pelo qual a resposta poderia chegar.

Respeitar o invisível como se respeita um ser amado é a síntese de toda conduta ritual. Isso implica cuidado, escuta, consentimento, reverência. Significa não apenas invocar, mas também acolher; não apenas ordenar, mas também agradecer; não apenas falar, mas saber calar. A ética do magista está menos em suas palavras e mais na forma como se oferece ao encontro: com humildade, com atenção, com verdade. O espírito não exige perfeição, mas inteireza. E o verdadeiro respeito nasce quando o operador compreende que está diante de uma alteridade real, não de uma projeção.

Este capítulo marca a passagem do estudo para a prática. Até aqui, o leitor-iniciado preparou-se com cuidado. Agora, o rito começa. Que cada gesto seja feito com presença. Que cada nome sagrado seja proferido com reverência. E que cada conjuração seja um ato de escuta, não de imposição.

    Você está pronto. O círculo está traçado. O fogo foi purificado. O tempo está certo. E o verbo pode ser proferido.

# Capítulo 11
# A Invocação Dos Anjos

Tendo sido cuidadosamente preparado todo o contexto cerimonial — desde os círculos mágicos, bênçãos, ferramentas, perfumes e cálculo de horários — o operador encontra-se agora pronto para realizar a invocação central do Heptameron: chamar à presença os anjos, inteligências, gênios e espíritos do dia e da hora, segundo o modelo descrito por Pietro d'Abano. Este capítulo revela a estrutura interna da conjuração propriamente dita, as palavras-chave, os nomes sagrados e o comportamento necessário durante a manifestação.

Esse momento não é apenas a execução de um protocolo espiritual: trata-se de uma abertura consciente de um canal entre os mundos, uma travessia entre o visível e o invisível que só se torna possível pela confluência de inúmeros elementos cuidadosamente dispostos. Cada parte do rito — a posição dos círculos, a entoação dos salmos, a escolha do incenso, o horário exato regido pelos planetas — atua como uma engrenagem dentro de um mecanismo invisível. Quando todas essas engrenagens estão em harmonia, o portal se entreabre.

O operador, nesse ponto, não é mais um indivíduo comum, mas um mediador entre os planos. Seu corpo torna-se o eixo entre céu e terra, e suas palavras, ao serem proferidas, não são mais apenas som e ar, mas vibração carregada de intenção, capaz de romper as barreiras do mundo denso. A preparação não o exime do temor reverente — ao contrário, o intensifica — pois sabe que a partir desse instante está lidando com inteligências cuja natureza transcende qualquer linguagem humana. Não se trata de dominação, mas de convocação sagrada, baseada em afinidade vibratória e reconhecimento hierárquico.

Os nomes que serão pronunciados carregam séculos de poder acumulado. Cada um — seja El, Elohim, Agla, Adonai, ou o Tetragrammaton — vibra como uma nota em uma partitura cósmica que os seres espirituais reconhecem como legítima. Ao invocar um anjo com seu nome correto, em seu dia e hora específicos, o magista não está apenas chamando: está respondendo a uma sincronia maior, harmonizando sua ação com a órbita do tempo divino. Daí a importância de que tudo esteja pronto: qualquer lacuna no preparo pode romper o fio tênue entre os mundos.

A atmosfera ritual já estará densificada pela presença invisível do sagrado. O ar parecerá mais espesso, o silêncio terá um peso tangível, e mesmo a luz da sala poderá parecer levemente alterada, como se o espaço estivesse sendo reconfigurado. É nesse limiar que a invocação se ergue como a palavra inaugural de uma nova realidade. O texto tradicional do Heptameron não é um amontoado de frases, mas uma composição meticulosa de sons, significados e vibrações que espelham as esferas superiores.

O número de repetições — três — não é arbitrário. Ele corresponde às três camadas da realidade onde os anjos podem manifestar-se: o mental (ideias, imagens, conceitos), o astral (emoções, sensações, visões) e o etérico (mudanças ambientais, calor, aromas). Cada repetição, com seu respectivo tom, atua como uma onda sutil que se propaga em direção a esses planos, convidando a presença a descer ou se revelar.

O silêncio que se segue à invocação é, paradoxalmente, a parte mais eloquente do rito. É nesse espaço não preenchido por palavras que a resposta pode emergir. O operador deve resistir à tentação de preencher esse silêncio com expectativa ansiosa ou raciocínio. O segredo está em escutar com o corpo inteiro, com os sentidos aguçados, mas tranquilos, como quem contempla o nascer de uma estrela. Algumas manifestações são sutis como um arrepio; outras, avassaladoras como um trovão. O importante é manter-se receptivo, sem projetar desejos ou medos.

Caso a presença se manifeste, não há espaço para vaidade nem para pânico. O operador deve lembrar-se de que não está diante de uma entidade à sua disposição, mas de um ser luminoso cuja participação foi concedida por mérito vibratório e integridade espiritual. Toda comunicação que venha a ocorrer nasce desse reconhecimento mútuo: o do magista pela hierarquia celeste, e o do espírito pela pureza da intenção humana.

1. O Propósito da Invocação

A invocação, no contexto do Heptameron, não é uma súplica genérica nem um pedido místico abstrato. Ela é uma ordem cerimonial estruturada, com base na autoridade espiritual conferida ao operador que se prepara corretamente. Seu propósito não reside em um desejo vago de contato com o invisível, mas na convocação legítima de uma inteligência espiritual para uma atuação precisa, dentro de limites éticos e vibratórios definidos. Essa convocação deve ter sempre uma das seguintes finalidades elevadas:

2. Obter conhecimento espiritual elevado: Trata-se de receber instruções, revelações ou intuições que ampliem a consciência do operador acerca das leis espirituais, da natureza das esferas superiores ou da missão pessoal. Tal conhecimento não é teórico, mas experiencial, transmitido por símbolos, visões ou palavras interiores. É um saber que transforma, e não apenas informa.

3. Receber orientação ou inspiração divina: Muitas vezes, em momentos de decisão, dúvida ou travessia existencial, a invocação serve como ponte para receber respostas, direções ou conselhos vindos de inteligências superiores. Tais orientações não substituem o discernimento do operador, mas iluminam-no, lançando luz sobre o caminho e os riscos invisíveis.

4. Realizar curas, libertações ou harmonizações: Neste campo, o magista age como canal da força divina para aliviar sofrimentos, restaurar equilíbrios e dissolver padrões densos, seja em si mesmo ou em outros. Mas deve fazê-lo apenas com permissão clara, profunda compaixão e uma consciência precisa dos limites de sua atuação. O anjo invocado atua como intermediário da graça, não como força a ser instrumentalizada.

5. Atuar em benefício de terceiros com permissão e ética: Toda ação voltada a outros deve ser feita com autorização direta ou, nos casos excepcionais, por invocação compassiva que respeite o livre-arbítrio e a lei do retorno. Jamais se deve invocar um espírito para alterar situações em benefício próprio ou sob a ilusão de saber o que é melhor para o outro.

Há também finalidades mais internas e sutis que justificam a invocação: o fortalecimento da disciplina espiritual, o aprofundamento da conexão com a hierarquia celeste, ou a purificação do campo energético. Em todos esses casos, o que se busca não é um fenômeno, mas uma elevação real da frequência vibratória e uma comunhão mais direta com os mundos superiores.

A presença que se convida ao círculo não é uma projeção psicológica nem um arquétipo inofensivo, mas uma inteligência real, dotada de consciência própria e função cósmica definida. Sua resposta é proporcional à pureza da intenção, à clareza do pedido e à maturidade interior do operador. Por isso, é fundamental que o propósito da invocação tenha sido meditado, refinado e, idealmente, escrito antes do rito, para que não haja ambiguidade nem improviso durante o chamado.

Por fim, é importante lembrar que a invocação, ainda que bem executada, pode não obter resposta imediata se o propósito for inadequado, precipitado ou desnecessário no momento. O silêncio também é uma resposta. Cabe ao operador recebê-lo com humildade e compreender que o tempo da luz não é o tempo do ego. Quando, porém, o propósito é legítimo, claro e sintonizado com as esferas superiores, a presença invocada vem — não como espetáculo, mas como epifania silenciosa e transformadora.

6. Momento e Silêncio Prévio

A invocação deve ocorrer logo após a abertura ritual e a entoação dos salmos apropriados ao anjo do dia e da hora. Nessa etapa, todos os elementos já terão operado uma preparação invisível: o incenso terá impregnado o espaço com sua vibração aromática, os nomes divinos já terão sido proclamados com reverência, e o próprio operador terá afinado sua intenção ao longo de todo o processo preliminar. O campo estará então energeticamente saturado, ressoando com a ordem celeste invocada.

Neste ponto, antes de pronunciar qualquer palavra adicional, recomenda-se instaurar um momento de silêncio absoluto. Mas este não é um silêncio meramente auditivo — é uma suspensão de toda atividade interior que não esteja em perfeita sintonia com o rito. O operador deve assumir postura ereta, com o olhar suavemente fixo no centro do círculo, e respirar de forma profunda e ritmada, como quem se ancora no próprio eixo. O silêncio é, aqui, uma oferenda: ao calar o mundo interior e exterior, o magista demonstra que está disposto a escutar o indizível.

Esse instante de pausa tem por função alinhar o campo vibratório do operador com os planos superiores. É um espaço de passagem, onde se dissolve a densidade do cotidiano e se entra, pela consciência e pela respiração, em outro estado de presença. É nesse intervalo que a alma se apresenta, despida de desejo e expectativa, pronta apenas para servir. Não se trata de passividade, mas de escuta ativa — uma escuta que prepara o espaço para que a palavra a ser proferida tenha potência criadora.

A duração ideal desse silêncio é de alguns minutos — dois ou três bastam, desde que estejam carregados de presença real. Durante esse tempo, o operador pode perceber alterações sutis no ambiente: um ligeiro adensamento do ar, um estremecimento interno, uma sensação de sacralidade crescente. Esses sinais não devem ser forçados nem esperados com ansiedade. Eles vêm quando o campo está maduro, e indicam que a invocação pode prosseguir com autenticidade.

Esse silêncio prévio, portanto, não é uma pausa técnica. Ele é parte ativa da invocação. É a moldura invisível que potencializa o que virá a seguir. O verbo só terá poder se for precedido por escuta. E a escuta só é possível quando o ruído do eu cessa. Por isso, este momento deve ser vivido com reverência extrema, como quem está à beira de algo inefável. Pois de fato está.

7. Fórmula de Invocação

O texto tradicional do Heptameron apresenta a seguinte invocação, que pode ser adaptada levemente para pronúncia clara e consciente:

"Eu te invoco, ó espírito sagrado, inteligência pura do Altíssimo, cujo nome é [NOME DO ANJO], ministro do Senhor dos Exércitos, que reges esta hora sob o governo do [NOME DO ARCANJO DO DIA], com teus auxiliares [NOMES DOS MINISTROS]. Por El, Elohim, Agla, Adonai e pelo Nome Inominável, eu te chamo a comparecer diante deste círculo de luz, manifestando tua presença com paz, sem engano, sem perturbação, e com a verdade que vem da Luz."

Essa fórmula não deve ser proferida como uma simples leitura, mas como um decreto vibracional. Cada palavra deve ser entoada com intenção firme e presença plena, como se a própria realidade dependesse dela. A clareza na dicção, a regularidade do ritmo e o alinhamento emocional do operador são cruciais para que a invocação tenha o efeito desejado.

8. Repetição Tripla

Repita esta invocação três vezes, alternando o tom de voz entre baixo, médio e alto. Essa variação tonal não é estética, mas funcional. Cada frequência de voz ressoa com um plano específico:

1. O tom baixo atinge o nível mental, estimulando o contato por meio de ideias, símbolos e percepções intelectuais.

2. O tom médio penetra o plano astral, onde as emoções, visões e intuições mais fluidas podem emergir.

3. O tom alto vibra no etérico, provocando alterações sensíveis no ambiente físico ou sensorial.

Essa progressão de tons cria uma escada vibratória que favorece a descida ou manifestação do espírito invocado. É fundamental que o operador mantenha o mesmo texto verbal nas três repetições, permitindo que a única variável seja o tom da voz e, secundariamente, o grau de energia emocional envolvido.

9. Pausa de Três Minutos

Em seguida, mantenha o silêncio por três minutos completos. Durante esse tempo:

- Mantenha o olhar fixo no centro do círculo, na chama ritual ou no símbolo consagrado.
- Respire profundamente, de forma serena, mantendo-se aberto ao que surgir.
- Observe qualquer mudança no ambiente: temperatura, luminosidade, densidade do ar.
- Atente para intuições repentinas, imagens interiores, vozes silenciosas, arrepios ou sensações de presença.

O tempo deve ser cronometrado com precisão. Mesmo que nada ocorra perceptivelmente, esses minutos são parte integrante da fórmula, pois constituem o espaço interno necessário para que o espírito possa responder. A pressa ou a ansiedade dissolvem o campo; a paciência e o silêncio o consolidam.

10. Sigilos e Selos

Durante a invocação, recomenda-se que o operador mantenha à vista, sobre o altar ou em um pergaminho consagrado:

- O sigilo do anjo, desenhado com precisão e ativado previamente.
- O nome do anjo escrito em hebraico (ou em transliteração sagrada).
- O salmo correspondente ao espírito, preparado com antecedência.

Esses elementos funcionam como âncoras vibratórias. O sigilo é um código visual que atrai e fixa a presença. O nome sagrado atua como chave de identidade vibratória. O salmo é um canal verbal que ressoa com a função espiritual da entidade. Juntos, esses três elementos ampliam e estabilizam o campo de manifestação, reduzindo interferências e tornando a invocação mais precisa e segura.

Todos devem ter sido ungidos com óleo consagrado, purificados com incenso e invocados previamente com palavras adequadas. Somente quando carregados ritualmente esses objetos passam de representação simbólica a ferramentas operativas. O magista não deve improvisar nessa etapa — a negligência com os elementos simbólicos resulta em rituais estéreis ou, pior, em conexões imprecisas com inteligências que não correspondem ao chamado.

A conjuração, portanto, não é sustentada apenas pela palavra, mas também por signos, formas, nomes e silêncio. Cada um desses elementos é uma parte viva da fórmula, e sua correta integração determina o grau e a qualidade da manifestação que se seguirá.

11. Comportamento do Operador

A postura do magista é parte fundamental da invocação. O corpo é o canal por onde a energia circulará. Assim, durante a invocação:

• Mantenha-se de pé, firme, com os pés juntos ou em triângulo equilátero.

• Evite gestos excessivos, a não ser aqueles prescritos (como a elevação da mão direita ou cruz no peito).

• O tom da voz deve ser firme e respeitoso, sem gritos nem murmúrios excessivos.

• O olhar deve ser centrado no meio do círculo, ou no fogo ritual.

• Nunca saia do círculo durante a invocação, mesmo que sinta medo ou êxtase.

A estabilidade física e emocional do operador é o eixo silencioso de sustentação da manifestação espiritual. Cada gesto ou ausência dele comunica ao plano invisível a disposição interior de quem invoca. O corpo, nesse contexto, deixa de ser apenas veículo de expressão e torna-se templo vivo — receptáculo e emissor ao mesmo tempo. A menor instabilidade, distração ou hesitação vibra além da forma e pode comprometer a clareza do chamado.

Durante a invocação, o magista deve assumir uma presença total: os pés enraizados, a coluna ereta, o peito aberto. Essa postura corporal expressa não apenas firmeza, mas confiança e prontidão espiritual. O olhar, voltado para o centro do círculo ou para o fogo ritual, deve manter-se firme, mas sem tensão. O fogo, aliás, é mais do que símbolo: ele é espelho vivo do espírito, e fixá-lo ajuda a manter a mente ancorada e o coração aceso.

O silêncio interior, tanto quanto a palavra vocalizada, é determinante. Qualquer diálogo interno desordenado — dúvida, medo, expectativa, orgulho — pode interferir no campo. Por isso, a disciplina mental deve ser cultivada não apenas no momento da invocação, mas desde os preparativos prévios. O operador que se apresenta diante da presença angélica deve estar inteiro, limpo, concentrado e disponível.

12. Repetição da Invocação

Se após os três minutos não houver manifestação perceptível, pode-se repetir a invocação mais uma ou duas vezes, mudando levemente o tom e reforçando a intenção. Utilize, se desejar, esta variação:

"Por Melchizedek, por Enoque, por Elias, servos justos da Luz, eu clamo tua presença, ó espírito angélico [NOME], servo fiel do Altíssimo. Vem em paz, responde à minha voz, manifesta-te de forma visível ou sensível neste círculo, pois tua palavra é chamada com fé e tua presença é invocada com pureza."

Essa repetição não deve ser feita com impaciência ou frustração, mas com ainda mais solenidade. A ausência de manifestação imediata não significa falha, mas pode refletir a necessidade de um reforço vibratório. A repetição é também uma forma de persistência espiritual, e quando feita com humildade e firmeza, costuma desbloquear resistências ou camadas densas que retardam a resposta.

O tom de voz pode ser levemente intensificado ou suavizado, dependendo da intuição do operador. O importante é manter a pureza da intenção, sem se deixar tomar por emoções dispersas. O ato de repetir, nesse contexto, é um gesto ritual de fé e concentração, não de insistência cega. É uma forma de reafirmar o compromisso espiritual com a luz que se chama.

13. Durante a Manifestação

Caso surja uma sensação clara de presença (vento, aroma, luz, frio, som, forma), o operador deve manter a compostura. Não interrompa o rito. Siga os seguintes princípios:

- Respire fundo, agradeça mentalmente.
- Espere a estabilidade energética (evite euforia precoce).
- Mantenha as mãos abertas ou sobre o coração.

- Deixe que a presença espiritual se firme.

A manifestação pode ocorrer de modo sutil ou intenso, e sua natureza muitas vezes reflete a sensibilidade do operador e o grau de afinidade com o espírito chamado. O importante é evitar qualquer reação precipitada. Emoções como surpresa, excitação ou temor devem ser interiormente acolhidas e transmutadas em reverência e estabilidade. A serenidade do magista é, nesse instante, a âncora que permite à presença espiritual consolidar-se plenamente.

A manifestação pode ser:

1. Mental ou visionária: imagens simbólicas, arquétipos, palavras silenciosas, cores ou cenas que se formam com clareza na mente, frequentemente com significado espiritual imediato.

2. Auditiva ou sensorial: vozes internas, palavras nítidas ou sussurros percebidos sem origem física; ruídos harmônicos ou vibrações sonoras; sensações corporais específicas como calor em regiões do corpo, formigamentos ou arrepios.

3. Ambiental ou etérica: mudança na densidade do ar, alteração da temperatura, presença de aroma não identificado, variação na luz do ambiente mesmo sem causa externa visível.

4. Tangível (mais rara): percepção de um ponto de luz visível, sombra com forma definida, brisa concentrada, deslocamento de objeto leve, ou mesmo sensação tátil suave e precisa.

Cada tipo de manifestação traz consigo uma qualidade energética distinta, e é dever do operador percebê-la sem projetar expectativas ou julgamentos. A presença angelical não busca impressionar, mas comunicar, e essa comunicação é quase sempre modulada para não romper a integridade emocional do magista.

14. Se a Manifestação For Ameaçadora

Em raríssimos casos, o operador pode sentir desconforto ou presença opressiva. Neste caso:

1. Não interrompa bruscamente o ritual.
2. Reforce os nomes divinos: Adonai, El Shaddai, Agla, Tetragrammaton.
3. Faça o sinal da cruz com a mão dominante.
4. Recite o Salmo 91 em voz firme.

É essencial compreender que a presença de um desconforto não implica necessariamente malignidade — pode tratar-se de uma força intensa mal assimilada pelo campo do operador. Porém, caso a sensação se torne opressiva, confusa ou claramente hostil, o magista deve recorrer sem hesitação à autoridade dos nomes sagrados.

Se persistir o desconforto, diga:

"Em nome do Altíssimo, se não és espírito da luz, afasta-te deste círculo consagrado. Eu te expulso pela luz da Verdade e pela chama do Espírito."

Essa proclamação, feita com fé firme e clareza de voz, tende a reordenar imediatamente o campo. Em seguida, o operador deve permanecer em silêncio, atento ao restabelecimento do equilíbrio vibratório. Apenas quando houver plena estabilização da atmosfera, a oração de encerramento pode ser realizada, selando o espaço ritual com harmonia e proteção.

15. Observações sobre a Ética da Invocação

• Nunca invoque um anjo por mera curiosidade. A curiosidade, por mais legítima que pareça, não é critério válido para o contato com inteligências espirituais. O anjo não é um espetáculo ou um fenômeno a ser testemunhado. É uma consciência elevada cuja presença exige respeito e propósito claro. A invocação deve nascer de um chamado interior autêntico, e não da ânsia por experiência extraordinária.

• Sempre tenha um propósito claro e digno. O fundamento ético de qualquer rito reside na intenção que o sustenta. O operador deve saber exatamente por que chama, o que busca, e em que nível deseja agir — se em benefício próprio, alheio ou em comunhão com o divino. Propósitos ambíguos, egoístas ou imaturos reverberam no campo e bloqueiam a manifestação. A clareza do objetivo não apenas orienta o rito, como também delimita sua segurança.

• Nunca exija ou ameace uma entidade espiritual. A relação entre magista e espírito é de aliança, não de domínio. A autoridade do operador não o autoriza a coagir, ordenar ou ameaçar o ser invocado. Mesmo diante de um espírito relutante ou silencioso, o tom deve ser de firmeza reverente, jamais de prepotência. A linguagem do sagrado não admite arrogância. Aquele que tenta impor-se corre o risco de romper o elo vibratório e atrair distorções ou falsificações da presença.

• Evite rituais se estiver emocionalmente instável. O estado interno do operador é o verdadeiro templo da operação. Medo, raiva, tristeza intensa ou euforia desequilibrada são vibrações que turvam o campo e tornam qualquer contato impreciso ou até perigoso. Antes de iniciar qualquer trabalho espiritual, é essencial que o magista esteja centrado, pacificado e sóbrio. A estabilidade emocional é uma oferenda silenciosa que purifica o espaço antes mesmo das palavras.

Além dessas observações diretas, é necessário compreender que a ética da invocação não se limita ao momento ritual. Ela se estende a todo o comportamento do operador antes e depois do chamado. Guardar silêncio sobre experiências recebidas, respeitar os tempos de assimilação, não divulgar revelações de maneira vaidosa ou comercial, e, sobretudo, viver em coerência com os princípios que se busca tocar: tudo isso constitui o verdadeiro círculo de proteção.

A ética também impõe que o magista saiba desistir quando necessário. Se, ao preparar-se para a invocação, perceber que há dúvida quanto ao propósito, confusão mental, desequilíbrio energético ou falta de integridade na intenção, é preferível adiar o rito. O tempo espiritual não segue a lógica da urgência humana. A maturidade do operador se manifesta também na capacidade de escutar os sinais que pedem espera.

A invocação é, enfim, um pacto espiritual. Ao erguer sua voz, o magista afirma diante do invisível: "estou pronto para receber e sustentar uma presença que me transcende". Tal afirmação exige uma retidão interior que não se improvisa. É por isso que a resposta — quando vem — não é apenas manifestação, mas reconhecimento. O espírito responde porque vê, no círculo e no coração do operador, o reflexo de sua própria luz.

A voz humana se ergue em direção ao invisível, como um fio de luz que deseja reencontrar sua origem. Não se trata apenas de emitir palavras — é a alma que se projeta, inteira, na tentativa de tocar o que está além do véu. Quando o chamado é legítimo, o sagrado responde. Às vezes, a resposta vem como um silêncio carregado de presença. Outras, como uma vibração súbita que percorre a espinha, uma luz que se acende por dentro, uma palavra inaudível que parece ter sido sempre conhecida. A escuta é o verdadeiro ponto de encontro — não aquela que se faz com os ouvidos, mas com a inteireza do ser.

Estar diante da manifestação é suportar sua intensidade sem dispersar-se, é acolher sua delicadeza sem dúvida. Requer coragem para permanecer no centro do círculo mesmo quando o mistério se aproxima, e humildade para reconhecer que nada ali foi "conquistado", mas simplesmente concedido. O espírito não desce por obediência, mas por afinidade, e essa afinidade nasce da pureza da intenção, do preparo rigoroso, e da sinceridade do chamado.

Quando a resposta se revela, mesmo que por breves instantes, o mundo já não volta a ser o mesmo. O operador foi tocado por algo que ultrapassa a linguagem e a memória. Não se trata de acumular experiências, mas de deixar-se ser transformado por elas. E se nada for percebido, ainda assim algo terá sido semeado no silêncio — pois toda invocação verdadeira deixa um traço, um vestígio de luz, um realinhamento sutil que se revelará no tempo devido.

O encontro com o anjo não começa quando ele aparece, mas quando há um coração disposto, um espaço consagrado, e um propósito digno. O que se inicia com palavras termina em presença. E o que permanece é o vínculo, a vibração que continua ecoando mesmo após o rito ser encerrado.

Que tua voz seja pura, tua intenção luminosa, e que os anjos respondam à tua verdade com benevolência.

# Capítulo 12
## Comunicação e Pedido

A invocação dos anjos marca o início de uma das etapas mais sagradas do processo cerimonial descrito no Heptameron: o momento da comunicação. Após sentir ou perceber a presença da entidade espiritual evocada — seja de forma sutil ou tangível — o operador deve conduzir o rito com reverência, clareza de propósito e discernimento. Este capítulo trata da arte de dialogar com os espíritos celestiais, formular petições, escutar com sensibilidade espiritual e registrar adequadamente as mensagens recebidas.

Essa comunicação não se limita à fala ou ao pensamento articulado, mas envolve um tipo de escuta mais profundo e sutil, uma abertura interior que permite que a realidade espiritual se manifeste sem as limitações da linguagem comum. O operador deve cultivar um estado de espírito em que a mente esteja lúcida, mas não hiperativa; receptiva, mas não ansiosa. Trata-se de entrar em consonância com um plano mais alto de consciência, onde o tempo linear perde força e o instante presente se torna carregado de sentido.

Antes de qualquer palavra ser dita, há um silêncio sagrado que precisa ser escutado. Esse silêncio é, muitas vezes, o primeiro meio de resposta dos anjos — um silêncio que comunica mais do que mil frases, uma pausa carregada de presença, em que o coração intui que está sendo ouvido e acolhido. A comunicação, nesse nível, é mais uma comunhão do que uma troca de informações. É a alma falando com outra alma, sob a égide do sagrado.

É fundamental compreender que a linguagem dos anjos é simbólica e multissensorial. Um leve aroma que surge do nada, uma impressão luminosa por trás dos olhos fechados, um arrepio súbito nas costas — tudo isso pode ser resposta. A mente racional pode tentar ignorar esses sinais, julgando-os como irrelevantes ou imaginários. Mas o operador treinado aprende a respeitar essas sutilezas como manifestações legítimas da presença espiritual.

Ao formular o pedido, o tom de voz, ainda que apenas mental, deve ser impregnado de reverência e sinceridade. O coração deve estar limpo de manipulações ou desejos mesquinhos. O que se busca não é uma vantagem, mas uma sintonia com o bem maior. E isso muda completamente a natureza do pedido. A frase proferida pode ser simples, mas se vier de um lugar profundo da alma, ela reverbera no plano sutil com força e dignidade.

Durante a escuta, a paciência é uma virtude essencial. Os anjos não operam no ritmo humano. Às vezes, a resposta vem no mesmo instante; outras, ela se manifesta em sonhos nos dias seguintes, em encontros fortuitos, em palavras ditas por desconhecidos. A comunicação não termina com o fechamento do ritual — ela se desdobra, como um eco sagrado, por caminhos inesperados. O operador deve manter-se atento, mesmo após o rito, cultivando o silêncio interior que permite reconhecer essas ressonâncias.

Há também momentos em que o operador sente, com clareza inegável, que uma presença está diante dele, aguardando a palavra humana. Nesse instante, o tempo parece suspenso. O ar adquire uma densidade quase palpável. É como estar diante de um espelho que vê além da aparência — um espelho que reflete a verdade mais íntima. Falar nesse momento exige coragem, pois tudo o que é falso ressoa de forma dissonante. A voz do espírito humano deve então erguer-se com autenticidade, pois o anjo reconhece a verdade do coração antes mesmo das palavras.

Após a resposta, a gratidão deve ser imediata e sincera. Ela sela a comunicação e honra o vínculo estabelecido. Mesmo que a resposta não seja a esperada, ou que não haja resposta perceptível, o ato de agradecer mantém o canal limpo e aberto para futuras comunicações. É um reconhecimento de que algo maior foi tocado — algo que, mesmo invisível, atua no plano da alma.

Com o tempo e a prática, o operador desenvolve um tipo de escuta que vai além dos sentidos. Aprende a discernir entre suas próprias emoções e as vibrações autênticas do plano espiritual. Aprende a não se apegar às respostas, mas a acolhê-las com humildade. Aprende, sobretudo, que o verdadeiro poder da comunicação com os anjos não está em obter o que se quer, mas em alinhar-se com a vontade do Divino.

- A Consciência da Presença

Antes de tentar qualquer forma de comunicação ativa, o operador deve estabilizar sua própria consciência. Isso significa aquietar a mente, equilibrar as emoções e ancorar-se no corpo de maneira consciente, a fim de tornar-se receptivo às realidades sutis. Esse preparo não é meramente técnico, mas espiritual: trata-se de um alinhamento interno, em que corpo, mente e alma se tornam um só instrumento de escuta e comunhão.

A presença espiritual nem sempre se manifesta com claridade visual ou sonora. Em muitos casos, é percebida como um campo de energia que modifica imperceptivelmente a atmosfera do espaço ritual. Essa presença pode ser sentida como:

- Um campo vibratório distinto que envolve o corpo ou o ambiente;
- Um alargamento da consciência, como se o tempo desacelerasse e os pensamentos se tornassem nítidos;
- Uma quietude densa, que silencia a mente com uma paz silenciosa e envolvente;
- Uma leveza luminosa, quase tátil, como se a luz adquirisse uma textura suave ao redor do operador.

Sinais comuns de presença angelical:
- Clareza mental súbita;
- Aumento da temperatura corporal ou do ambiente;
- Alteração na luminosidade do espaço ritual;
- Sopro de ar leve sem causa física aparente;

• Intuição repentina com informações específicas.

Esses sinais não devem ser interpretados como garantias absolutas da presença angelical, mas sim como indícios a serem acolhidos com discernimento. O operador deve permanecer centrado e receptivo, sem pressa de concluir ou interpretar o que está sentindo. A escuta espiritual é uma arte sutil, e exige entrega mais do que controle.

É essencial compreender que cada operador possui canais perceptivos mais desenvolvidos que outros. Alguns são mais visuais, outros auditivos, outros ainda sensíveis a estados emocionais ou corporais. Nenhuma dessas formas é superior ou inferior: todas são válidas, desde que acompanhadas de humildade e atenção interior.

A comunicação espiritual exige escuta interior e entrega à experiência. Essa escuta se dá no corpo e na alma, e exige do operador um estado de atenção que é, ao mesmo tempo, relaxado e desperto. Uma boa prática prévia pode incluir exercícios respiratórios, um banho ritual, a preparação meditativa do espaço e alguns minutos de contemplação silenciosa diante de uma vela acesa. São gestos que ajudam a ajustar a frequência do operador ao plano angélico.

Com o tempo e a prática, o operador se torna capaz de distinguir entre os movimentos autênticos do espírito e as agitações do próprio ego. Mantendo um diário de percepções, pode registrar não apenas os sinais explícitos, mas também as nuances mais sutis da presença. Com isso, amadurece sua escuta, reconhece padrões e desenvolve um relacionamento mais profundo com os mundos invisíveis.

- A Ética da Abordagem

O momento da comunicação não é uma entrevista nem uma barganha. O espírito celeste não está sujeito à vontade humana. Por isso, a atitude correta é a de reverência, humildade e clareza de intenção. Essa ética interior deve estar enraizada antes mesmo do início do rito, pois é ela que sustenta a qualidade da interação espiritual. Ao se aproximar de um ser de luz, o operador deve esvaziar-se de pretensões e assumir uma postura de escuta sincera, como quem se aproxima de um mistério maior do que pode compreender.

Algumas regras fundamentais:
- Nunca formule pedidos egoístas, vaidosos ou vingativos;
- Nunca tente forçar uma resposta imediata;
- Nunca interrompa o silêncio com tagarelice mental ou ansiedade;
- Sempre comece com gratidão e louvor ao Divino.

Essas regras não são simples formalidades. Elas existem para proteger tanto o operador quanto a integridade do contato. Um pedido egoísta contamina a vibração do rito e pode atrair entidades não condizentes com a luz. A tentativa de forçar respostas demonstra imaturidade espiritual e, muitas vezes, gera ilusões ou eco do próprio desejo. O silêncio deve ser respeitado como parte do diálogo — é nele que a presença se comunica com mais profundidade. E o louvor inicial é uma forma de lembrar que o contato só é possível pela permissão divina, e não por mérito ou controle pessoal.

Um bom início pode ser:

"Em nome do Altíssimo, eu agradeço tua presença, ó espírito de luz. Peço que, se for da Vontade Divina, me respondas com clareza e verdade, para o bem maior."

Essa invocação não apenas delimita a intenção elevada do operador, mas também cria uma moldura vibratória que eleva o espaço do rito. É como abrir uma porta com a chave da humildade, reconhecendo que todo verdadeiro diálogo espiritual é, antes de tudo, um ato de graça. Nesse estado de espírito, a comunicação se torna mais fluida, mais nítida e, sobretudo, mais segura. Ao estabelecer essa ética como base, o operador se alinha não apenas com os anjos, mas com o próprio propósito superior da prática mágica: servir à luz com consciência, verdade e devoção.

- Como Formular o Pedido

Um pedido espiritual deve ser feito em três níveis:

1. Clareza de linguagem: Evite frases longas, ambíguas ou vagas. Vá direto ao ponto. As entidades espirituais não operam por suposições; elas respondem ao que é dito com precisão. Um pedido claro demonstra que o operador compreende o que realmente deseja e o expressa sem rodeios. Para isso, é útil escrever o pedido previamente e relê-lo antes do rito, ajustando o vocabulário até que as palavras transmitam exatamente a intenção sem exageros ou omissões.

2. Pureza de intenção: Reflita antes do rito: isso é justo? Vai causar mal a alguém? Qual é a finalidade última? Um pedido que nasce do desejo de controle, da carência emocional ou da vaidade perde força espiritual e pode comprometer a integridade do contato. Já aquele que brota do coração sincero, da vontade de servir à luz ou de curar o que está desalinhado, carrega uma vibração que se alinha naturalmente ao plano superior. A pureza aqui não significa perfeição, mas honestidade profunda consigo mesmo.

3. Entrega do resultado: Reconheça que a resposta pode não ser imediata, ou pode vir de outra forma. Ao fazer um pedido, o operador deve também abrir mão da expectativa rígida sobre como e quando a resposta virá. Isso demonstra fé e maturidade espiritual. Uma forma adequada de expressar essa entrega é dizer:

"Se for permitido, que me seja mostrado o que preciso saber ou fazer."

- Exemplos de Pedidos
- "Peço auxílio para discernir o caminho profissional mais alinhado à minha alma."
- "Peço cura para [nome], se isso estiver dentro da harmonia divina."
- "Peço orientação para lidar com este medo que me bloqueia."
- "Peço bênção para este projeto que desejo realizar com pureza."

Esses exemplos partem de uma base ética e espiritual sólida. São pedidos que buscam crescimento, clareza, cura ou alinhamento com o bem maior — e não satisfação de desejos pessoais imediatos ou superficiais.

Evite perguntas do tipo:
- "Vou ganhar na loteria?"
- "Fulano vai se separar para ficar comigo?"
- "Qual é o número da sorte?"

Tais perguntas reduzem o rito a uma prática adivinhatória comum, desconectada do propósito mais profundo da comunicação angelical. Além disso, demonstram uma intenção baseada no controle ou no desejo, o que pode comprometer não apenas a veracidade da resposta, mas a própria qualidade da presença evocada. O operador sábio sabe que as respostas mais valiosas são aquelas que iluminam o caminho da alma, não apenas os interesses momentâneos da personalidade.

- Formas de Resposta

As entidades espirituais respondem de diferentes formas, de acordo com o nível de desenvolvimento do operador e a natureza da questão. As principais formas são:

1. Intuição direta: Uma ideia clara surge na mente, com certeza intuitiva. Não há hesitação, nem raciocínio. É como uma verdade plantada na consciência, que se revela por completo e com clareza súbita. Esse tipo de resposta costuma vir acompanhado de uma sensação de alívio, como se algo muito essencial tivesse sido reconhecido e acolhido de forma imediata.

2. Palavras mentais: Uma frase curta ecoa internamente com força. Ela não se confunde com o pensamento comum — tem peso, direção e uma

tonalidade distinta. Muitas vezes, vem em segunda pessoa ("faz isso", "escuta melhor", "confia agora") e pode soar com uma autoridade doce, porém firme. É importante registrar a frase tal como veio, sem adaptá-la à vontade pessoal.

3. Imagens simbólicas: Visões ou arquétipos são mostrados (espadas, portas, luzes etc.). Essa forma é mais frequente em operadores com imaginação ativa ou sensibilidade visual acentuada. As imagens não devem ser interpretadas de imediato, mas observadas como se fossem sonhos: símbolos que falam ao inconsciente e podem trazer sentidos múltiplos. Uma porta pode significar passagem, escolha, proteção ou revelação, dependendo do contexto espiritual do rito.

4. Sinais físicos: Uma vela tremula fortemente, o incenso se move de forma incomum. Também podem ocorrer estalos no ambiente, queda de objetos leves ou alteração súbita na sensação térmica do espaço. Esses sinais, quando coincidem com o momento exato do pedido ou da escuta, devem ser registrados com atenção. É a linguagem do invisível atravessando o plano material.

5. Silêncio significativo: Quando não há resposta, isso também é uma resposta. Pode indicar:
- Que a pergunta é inapropriada;
- Que não é o momento certo;
- Que a resposta virá por outro meio (sonho, sinal posterior, intuição diária).

Esse silêncio não é vazio. Ele é denso, vivo, como se algo estivesse sendo gestado fora do alcance da mente. O operador deve respeitá-lo com reverência, sem tentar preenchê-lo com suposições. É nesse intervalo que a alma aprende a confiar, a escutar o tempo do sagrado, e a reconhecer que há sabedoria também na espera.

- Registro Imediato

Logo após a recepção da resposta (ou da ausência dela), é essencial anotar tudo. Este gesto simples preserva a pureza da experiência e permite que a memória do rito não se dilua sob o fluxo cotidiano dos pensamentos. O diário mágico não é apenas um registro técnico, mas uma extensão da consciência ritual: um espelho onde o operador aprende a ler sua própria trajetória espiritual.

- Sensações corporais: Descreva se houve calor, calafrio, peso ou leveza no corpo. Em que parte se manifestaram? Quanto tempo duraram? Tais sensações muitas vezes coincidem com a presença espiritual e podem indicar o tipo de energia envolvida.
- Imagens mentais: Anote símbolos, cenas, cores, rostos, paisagens. Mesmo que pareçam vagas ou desconexas no momento, esses elementos podem adquirir sentido dias depois, em sonhos, sincronicidades ou reflexões posteriores.
- Palavras ou ideias surgidas: Registre com precisão o que foi ouvido mentalmente, sem adaptar ou corrigir. A linguagem do espírito pode ser direta, poética, simbólica ou paradoxal. O importante é manter o conteúdo original intacto para avaliação posterior.
- Emoções despertadas: Nomeie com clareza o que foi sentido: paz, gratidão, tristeza, temor,

reverência. Anote também a intensidade e a duração da emoção. Muitas vezes, a vibração emocional é o principal meio de transmissão da mensagem.

• Dúvidas ou certezas emergentes: Por fim, escreva qualquer sentimento de confirmação, desconforto, ou dúvida que tenha surgido. Essas impressões constituem parte da resposta e ajudam a discernir entre uma comunicação legítima e ruídos internos.

Esse registro pode ser feito no diário mágico, com data, hora, anjo invocado e descrição detalhada. É altamente recomendável que essa anotação seja realizada imediatamente após o encerramento do rito, antes que a mente racional interfira no conteúdo recebido. Com o tempo, esse diário torna-se um verdadeiro mapa de aprofundamento espiritual — revelando padrões, frequências, temas recorrentes e transformações interiores. É ele que permite ao operador verificar a veracidade das mensagens, observar sua própria evolução e refinar a escuta do sagrado com maturidade e lucidez.

• Evite Interpretações Apressadas

Nem tudo que surge na mente durante o ritual é uma resposta espiritual. O plano sutil é delicado, e o operador precisa cultivar um discernimento refinado para separar o que vem do espírito e o que vem do próprio psiquismo. Pensamentos recorrentes, desejos reprimidos, ansiedades ou projeções emocionais podem infiltrar-se na experiência, criando ruídos que, à primeira vista, soam como mensagens autênticas.

Por isso, siga esta regra:

Toda resposta verdadeira vem acompanhada de paz.

Essa paz não é apenas ausência de conflito, mas um estado vibratório que acalma, amplia e alinha. Uma mensagem verdadeira pode até trazer uma instrução difícil ou um chamado à transformação, mas mesmo assim carrega uma nota de serenidade que repousa na alma como confirmação silenciosa. Por outro lado, se houver dúvida, insegurança, euforia desmedida ou obsessão com a resposta, aguarde. A excitação espiritual pode confundir o ego e induzir ao erro — especialmente quando há carência ou pressa envolvidas.

Reflita. Medite dias depois. Dê tempo à consciência para decantar o que foi vivido. Anote, mas não conclua de imediato. A prática espiritual amadurecida exige paciência, e uma das formas mais elevadas de sabedoria é saber esperar com humildade.

Um sinal verdadeiro se reforça com o tempo. Ele ressurge em sonhos, sincronicidades, intuições repetidas ou confirmações inesperadas. Um engano, por sua vez, se dissipa com o silêncio. O que não tem raiz no espírito tende a se dissolver diante da escuta atenta e do tempo. Aprender a não se apegar à resposta imediata é parte do caminho do magista. Pois mais importante do que saber, é estar pronto para receber a verdade — ainda que ela desmonte ilusões.

- Comunicação Não-Verbal

Muitas vezes, os seres de luz respondem sem palavras. Apenas com presença, vibração, ternura, calma ou silêncio amoroso. Isso também é resposta. Há pedidos que não exigem instrução, mas sim cura, alívio, acolhimento. Nesses casos, o anjo age mais como um bálsamo do que como um mensageiro.

Nestes casos, o pedido foi recebido, e talvez a bênção esteja sendo concedida a nível invisível. O operador sente uma mudança no campo, um alívio sem causa lógica, uma emoção doce ou uma suavização de tensões internas. Não há frase, nem imagem — apenas um saber silencioso de que algo foi tocado e transformado.

"Nem toda resposta é instrução. Algumas são cura silenciosa."

O operador deve aprender a reconhecer esse tipo de bênção, e não se frustrar com a ausência de palavras diretas. A comunicação não-verbal exige uma escuta mais profunda, desprovida de expectativas. Ela é o espaço onde a alma aprende a confiar, mesmo quando a mente ainda não compreende. E essa confiança, cultivada com constância, é o verdadeiro elo entre o visível e o invisível.

- Quando a Resposta For Perturbadora

Em certos momentos, ao invés de serenidade e clareza, o operador pode ser surpreendido por uma sensação desconfortável, uma visão ameaçadora ou uma emoção pesada que obscurece a mente e o coração. Tais ocorrências não devem ser ignoradas ou racionalizadas apressadamente como parte da experiência. Embora o plano espiritual contenha vastas gradações de luz, também é suscetível a interferências, especialmente quando o campo vibratório do operador ainda não está plenamente estabilizado.

Se uma imagem negativa, uma palavra severa ou uma emoção opressiva surgir, interrompa o contato. Isso não significa medo, mas responsabilidade espiritual. O discernimento nesse momento é vital: o operador deve lembrar-se de que entidades verdadeiramente luminosas não se manifestam por meio de intimidação, desespero ou violência. A vibração da luz superior é construtiva, mesmo quando incisiva — jamais confunde, apavora ou subjuga.

Neste caso, siga imediatamente um protocolo de proteção e encerramento:

1. Recite os Nomes Divinos: Elohim, El Shaddai, Adonai, Agla. Estes nomes sagrados evocam frequências protetoras elevadas, capazes de dissolver presenças dissonantes e restaurar o equilíbrio do espaço ritual.

2. Faça o sinal da cruz. Este gesto ancestral simboliza o eixo vertical da transcendência e o eixo horizontal da encarnação, criando um escudo simbólico que reafirma a aliança com o plano divino.

3. Recite o Salmo 23 ou o 91. Ambos os salmos são reconhecidos como potentes escudos espirituais. O Salmo 23 traz o amparo do Pastor Divino que conduz pelas sombras com firmeza e amor. O 91 é um hino de refúgio sob as asas do Altíssimo, invocando proteção direta contra forças ocultas.

4. Encaminhe o espírito em paz com firmeza e compaixão:

"Se és da luz, acalma-te e fala com clareza. Se não, em nome do Altíssimo, afasta-te."

Essa fórmula não deve ser dita com raiva, mas com autoridade espiritual. Ela reafirma o centro de luz do operador e delimita o campo de atuação.

Lembre-se: o espírito verdadeiro não se impõe com medo ou violência. Ainda que sua mensagem possa ser exigente, ela nunca é corrosiva. Um operador preparado conhece essa diferença pela vibração, mais do que pelas palavras.

- Quando o Espírito Responde Claramente

Quando a presença espiritual se manifesta de forma límpida — seja por palavras internas, símbolos visuais ou conselhos diretos — o operador entra num estado de comunicação viva. É um instante delicado, de grande potência, e deve ser acolhido com concentração serena.

- Mantenha o foco e a calma. A mente deve evitar deslizar para o entusiasmo ou a pressa. O excesso de emoção pode turvar a clareza do que está sendo recebido.
- Agradeça mentalmente. Este gesto interior fortalece a conexão e confirma o caráter respeitoso do encontro. A gratidão sincera age como elo e proteção ao mesmo tempo.
- Peça esclarecimento se algo não for compreendido. Os anjos não se ofendem com a busca honesta por entendimento. Uma simples frase como "podes me mostrar de outro modo?" pode trazer uma nova luz sobre o conteúdo recebido.
- Nunca interrompa bruscamente. Deixe a comunicação concluir naturalmente. Quando o fluxo começa a cessar, respeite esse ritmo. Silencie, inspire e

apenas observe. Não tente prolongar artificialmente o contato — assim como uma visita preciosa, o espírito parte no tempo certo.

Esses momentos de resposta clara são como pérolas: raros, preciosos, formados na profundidade da comunhão. O verdadeiro operador os acolhe com reverência, sem apego. Porque sabe que a sabedoria maior não está em multiplicar contatos, mas em transformar-se a partir de cada um.

- Encerrando a Comunicação

Depois de receber a resposta, siga esta estrutura:

1. Agradeça sinceramente:

"Recebo tua presença com gratidão. Que a paz te acompanhe."

Esse agradecimento deve ser mais que uma formalidade — é um reconhecimento consciente de que uma ponte entre mundos foi estabelecida, mesmo que por um breve instante. A gratidão sela o espaço da escuta com dignidade espiritual, fechando-o com a mesma reverência com que foi aberto.

2. Silencie por alguns segundos.

Esse silêncio não é apenas uma pausa: é o momento em que o espírito se recolhe e a alma assimila. Como no fim de uma música sagrada, é nesse espaço silencioso que a ressonância do encontro ecoa internamente, permitindo que a consciência integre o que foi recebido.

3. Finalize com uma prece ao Criador:

"Altíssimo, agradeço por tua luz e por permitir este encontro sagrado. Que tudo seja para o bem."

A prece ao Criador não apenas encerra o rito, mas o consagra. É uma devolução do que foi recebido ao plano divino, como quem entrega uma semente à terra após tê-la contemplado nas mãos. Ao fazer essa oração, o operador afirma que não busca se apropriar da experiência, mas integrá-la com humildade à sua caminhada.

4. Aspire o incenso profundamente, reconhecendo o fim do contato.

Esse gesto simples possui um simbolismo profundo: o incenso, elemento do ar transmutado pelo fogo, representa o elo entre o visível e o invisível. Ao inspirá-lo conscientemente, o operador ancora de volta sua presença no plano físico, fechando o portal aberto durante o contato espiritual.

Encerrar a comunicação com cuidado é tão sagrado quanto iniciá-la. Muitos operadores negligenciam esse momento, buscando imediatamente interpretar, comentar ou agir com base na mensagem recebida. No entanto, é esse fechamento consciente que preserva a integridade do rito e protege a psique do excesso de excitação espiritual.

A comunicação com seres espirituais é uma arte sagrada, que exige prática, silêncio interior e desapego. Não se trata de acumular respostas ou buscar fenômenos extraordinários, mas de refinar a alma para que ela possa dialogar com o invisível sem distorções.

O operador que desenvolve essa escuta se transforma — torna-se mais sensível, justo, intuitivo e alinhado com a verdade. Com o tempo, aprende que o verdadeiro milagre não está apenas na resposta, mas no vínculo silencioso que se estabelece com o mundo espiritual.

O pedido feito com humildade e fé genuína é sempre ouvido, mesmo que a resposta venha de modo diferente do esperado. Às vezes, ela se manifesta como uma mudança interior imperceptível, como uma paz que surge sem causa, ou como uma sincronicidade que confirma o caminho. E mesmo quando o silêncio persiste, ele carrega em si uma sabedoria que ultrapassa palavras — como o céu noturno que responde ao olhar com estrelas.

O verdadeiro mérito da comunicação espiritual reside na disposição contínua do operador em se esvaziar, escutar e confiar. Mais do que buscar resultados imediatos, o compromisso profundo é com a transformação pessoal que o rito provoca — um lento desvelar do ser diante da presença do sagrado. Quando a alma aprende a reconhecer os sinais sem exigir que se moldem aos seus desejos, e quando o coração acolhe até o silêncio como uma dádiva, a prática deixa de ser um mero exercício cerimonial e se torna um caminho de iniciação. Nesse estado de consciência, cada rito é um degrau invisível rumo ao centro luminoso da existência, onde a linguagem não se faz apenas com palavras, mas com a própria vibração do ser em comunhão com o eterno.

# Capítulo 13
# A Despedida Ritual

O encerramento de um ritual mágico é tão sagrado quanto a sua preparação e execução. Conjurar anjos e espíritos requer não apenas técnica e reverência, mas também uma conclusão cuidadosa, digna e segura. No sistema do Heptameron, a despedida ritual representa a finalização do elo espiritual estabelecido. Seu propósito não é apenas agradecer e liberar as entidades convocadas, mas também restaurar a integridade energética do operador e do ambiente. Um encerramento incompleto ou negligente pode deixar o operador vulnerável, emocionalmente instável ou energeticamente exposto. Por essa razão, a despedida ritual deve ser compreendida como um segundo ápice dentro da prática mágica — um momento de extrema lucidez, onde se dissolve com respeito aquilo que foi erguido com solenidade.

Ao longo de séculos, magistas de diferentes tradições perceberam que os resíduos energéticos de um ritual mal encerrado não apenas perturbam o campo áurico do operador, mas também podem permear o ambiente físico com uma sensação de inquietude ou opressão sutil. Esses rastros invisíveis se comportam como ecos não resolvidos, chamando atenção de entidades errantes ou provocando interferências em rituais posteriores. Em casos mais severos, registram-se episódios de insônia recorrente, lapsos de humor, quebra de objetos consagrados ou mesmo perturbações no comportamento dos animais da casa — todos sintomas de que o canal espiritual permanece aberto além do tempo permitido.

A despedida, portanto, não é apenas uma formalidade espiritual: ela constitui uma prática de higiene energética e psíquica. Assim como um cirurgião não abandona a sala de operações sem concluir os procedimentos de assepsia, o magista não deve encerrar um contato espiritual sem limpar, selar e harmonizar o espaço. Isso inclui tanto o espaço externo (círculo, altar, instrumentos) quanto o espaço interno do próprio operador — seu corpo, mente e emoções.

Outro aspecto muitas vezes negligenciado é a reciprocidade espiritual. Entidades luminosas, sobretudo as vinculadas às esferas celestes, respondem com mais plenitude e disposição quando sentem que o operador cultiva não apenas reverência no chamado, mas também honra na despedida. A ausência de um encerramento apropriado pode comprometer futuras conjurações, gerar respostas truncadas ou até mesmo silenciar completamente a manifestação das inteligências superiores. Afinal, nenhuma relação, nem mesmo com o invisível, floresce onde falta reconhecimento e cortesia.

É igualmente relevante mencionar que a despedida ritual opera como uma reconfiguração vibratória. Ao finalizar o rito, o operador transita de um estado alterado de consciência — onde seu campo se amplia, sua sensibilidade se aguça e os véus entre os mundos se tornam tênues — para um estado de integração e recolhimento. Essa transição não deve ser abrupta. Requer gestos precisos, palavras significativas e tempo suficiente para que a alma reacompanhe o corpo, retornando ao cotidiano sem fragmentos dispersos ou portais ainda entreabertos.

No Heptameron, cada passo da despedida é construído como um degrau descendente da escada mística. Ao agradecer, o operador reconhece a dádiva recebida; ao encerrar formalmente, restabelece os limites entre os mundos; ao aspergir e selar o círculo, desativa os mecanismos rituais com delicadeza; ao silenciar e despir-se, retoma sua identidade ordinária com respeito e presença. Nenhum desses gestos é supérfluo — todos fazem parte de uma engenharia sutil que visa proteger, nutrir e equilibrar o ser espiritual que ousou tocar o eterno.

Portanto, a despedida não é apenas o fim de um rito. É a consagração final da experiência vivida. Um espaço onde o invisível se despede com dignidade, e o visível se reorganiza com beleza. Onde o magista, tendo recebido, retribui; tendo aberto, fecha; tendo ascendido, retorna — não como quem volta ao ponto de partida, mas como quem desce do monte com o rosto ainda banhado de luz.

- O Momento da Despedida

Ao perceber que a comunicação com o espírito chegou ao fim — seja por resposta recebida, silêncio prolongado ou indicação interna de término — o operador deve iniciar o processo de despedida. A iniciativa nunca deve ser brusca. Ao contrário, a saída deve ser compassada, respeitosa e liturgicamente significativa.

"Tudo que se abre com reverência, deve se fechar com reverência maior."

Esse princípio não é apenas uma orientação ética, mas uma âncora vibratória que protege o operador ao transitar entre os planos. O término da comunicação exige sensibilidade para perceber o esgotamento natural do fluxo espiritual. Muitas vezes, o espírito sutilmente se retira antes que o operador se dê conta racionalmente disso. Cabe ao praticante desenvolver escuta interior para reconhecer esse instante: um arrepio que cessa, uma atmosfera que se desfaz, uma súbita sensação de retorno à densidade do tempo.

Ao identificar esse limiar, o operador deve agir com precisão contemplativa. O primeiro gesto é interior: respirar fundo, três vezes, de modo consciente, permitindo que o corpo comece a se reconectar com a gravidade da realidade ordinária. Em seguida, alinhar a coluna é mais do que postura física — é um gesto simbólico de retomar o próprio eixo, de afirmar a soberania do eu encarnado após o mergulho nas esferas superiores.

O olhar, até então talvez voltado para dentro, para o centro do círculo ou para o foco de manifestação, deve ser lentamente redirecionado ao espaço físico. Isso não significa perda da sacralidade, mas uma transição gradual de foco, como quem caminha para fora de um templo com os pés ainda descalços e o coração em silêncio. A atenção deve retornar ao entorno, à luz das velas, à forma dos objetos, ao som ambiente — tudo aquilo que testemunhou a operação mágica.

Neste momento, o operador deve recordar os quatro pilares da despedida: agradecer, encerrar, selar e dispersar. Esses quatro verbos não são apenas etapas externas, mas estados internos que o magista deve encarnar com plena intenção. Agradecer reconhece a dádiva; encerrar restabelece os limites; selar protege o espaço e o vínculo criado; e dispersar harmoniza as frequências que permaneceram suspensas no ambiente.

Convém, ainda antes do agradecimento formal, fazer uma breve pausa contemplativa. O operador pode colocar a mão sobre o coração ou sobre o centro do ventre e silenciar por alguns segundos, em reverência silenciosa. Essa pausa atua como um limiar invisível entre o tempo do espírito e o tempo do corpo — e favorece uma despedida mais consciente e integrada.

Nenhuma despedida ritual deve ser apressada, por mais breve que tenha sido o contato. Mesmo os encontros sutis requerem dissolução sagrada. E quanto mais potente a manifestação espiritual, mais delicado deve ser o desligamento. Magistas experientes relatam que, ao negligenciar essa etapa, sentem como se parte de si tivesse ficado "presa" no rito, causando esvaziamento, letargia ou sonhos perturbadores nos dias seguintes.

Assim, o momento da despedida é, na verdade, o início de um novo ciclo dentro da mesma prática. É quando o invisível se retira com dignidade, e o visível precisa reaprender a conter o sagrado sem transbordar. Tudo o que foi evocado com seriedade deve ser devolvido com ainda maior respeito. É nesse espírito que a alma do magista permanece inteira, e o círculo mágico cumpre sua última função: tornar-se novamente apenas espaço, mas agora impregnado de silêncio e luz.

1. O Agradecimento

A primeira etapa é expressar gratidão pela presença espiritual. Não se trata de mera formalidade, mas de uma ação vibratória que reconhece a inteligência convocada como parte essencial da operação. A gratidão alinha o coração do magista com a ordem celeste e dissipa qualquer resquício de tensão ou exigência que porventura tenha surgido durante o rito. Esse gesto simples, quando feito com verdade interior, sela o vínculo com dignidade e honra o espírito em sua natureza sagrada.

O operador pode usar palavras formais ou espontâneas, contanto que sejam sinceras e humildes. A escolha do tom deve refletir a elevação do rito e o caráter da entidade evocada — quanto mais elevada sua hierarquia, mais reverente deve ser a despedida. A linguagem pode variar de acordo com o estilo do praticante, mas jamais deve resvalar para o tom casual ou impaciente. O ideal é que o agradecimento seja pronunciado em voz clara, com presença e devoção, de preferência olhando para o centro do círculo ou para o local onde a presença espiritual foi mais sentida.

Exemplos de fórmula de agradecimento:

"Em nome do Altíssimo, agradeço tua presença e luz. Que retornes em paz às tuas esferas celestes, e que tua virtude permaneça como bênção."

"Sejas louvado, espírito de luz, por tua manifestação neste círculo sagrado. Em nome do Criador, tua missão está cumprida."

Essas fórmulas, ainda que breves, contêm os três elementos essenciais de uma despedida eficaz: o reconhecimento do divino, a liberação pacífica da entidade e a bênção recíproca. Importante ressaltar que não é necessário inventar frases elaboradas — o que move a eficácia da palavra é a intenção por trás dela.

Evite frases como "pode ir embora agora" ou "terminamos", pois denotam falta de reverência. Elas quebram o campo simbólico construído com esforço e podem ser interpretadas como desrespeito. Assim como uma audiência com um nobre exige protocolo na entrada e na saída, o trato com as inteligências espirituais exige liturgia coerente do início ao fim.

2. O Encerramento Formal

Após o agradecimento, o operador deve conduzir o encerramento formal do rito. Este não é apenas um ato simbólico: trata-se de uma reintegração vibratória do espaço ao seu estado original. A prática consiste em recitar uma prece ou salmo tradicional que invoque proteção, dissolução do vínculo e elevação da atmosfera.

No sistema do Heptameron, os salmos mais utilizados são o Salmo 91 ("Aquele que habita sob a proteção do Altíssimo...") — associado à proteção contra forças adversas — e o Salmo 23 ("O Senhor é meu pastor...") — que evoca cuidado divino e condução segura. Esses salmos devem ser recitados com voz pausada, permitindo que cada palavra reverbere no espaço e no corpo do operador.

A seguir, o operador recita os Nomes Divinos traçados no círculo: Elohim, El Shaddai, Adonai, Agla.

Esses nomes não são escolhidos ao acaso. Cada um possui frequência própria e representa atributos distintos da divindade:

- Elohim invoca o aspecto criador e ordenador da luz primordial;
- El Shaddai evoca a presença de proteção e plenitude;
- Adonai reconhece a soberania divina sobre todas as formas manifestas;
- Agla (um acróstico de "Atha Gibor Leolam Adonai") sela com força a continuidade da presença divina no tempo.

A recitação desses nomes restabelece a ordem espiritual e dissolve a ponte entre os mundos. Ela atua como fecho vibratório que encerra a via de acesso aberta no início da operação. Após pronunciar os nomes, o operador pode fazer o sinal da cruz, inclinar levemente a cabeça ou estender as mãos em gesto de encerramento, de acordo com sua tradição pessoal.

Este passo, quando realizado com lucidez e fervor, tem o poder de estabilizar o campo, afastar qualquer influência remanescente e preparar o espaço para as etapas seguintes da despedida. É o momento em que o tempo sagrado começa a ceder lugar novamente ao tempo comum — não com pressa, mas com solenidade.

3. A Aspersão de Água Benta

O círculo é então aspergido com água benta ou água lustral. Esse gesto, embora simples à primeira vista, carrega um profundo poder simbólico e vibracional. A água consagrada não atua apenas como veículo de purificação, mas como elemento de reconexão entre o divino e o terreno. Ao ser lançada sobre o chão do círculo, ela dissolve possíveis tensões residuais, sela passagens abertas e reintegra o espaço às suas condições naturais.

O operador deve caminhar lentamente no sentido anti-horário — movimento que simboliza a reversão do processo de abertura — e, com um ramo de hissopo, alecrim ou mesmo com os próprios dedos, salpicar cuidadosamente a água ao longo da circunferência do círculo. Cada passo deve ser consciente, cadenciado, como se cada gota pousasse para apaziguar e limpar os véus entre os mundos.

Durante esse gesto, recita-se novamente:

"Asperges me, Domine, hyssopo, et mundabor: lavabis me, et super nivem dealbabor."

Essa oração do Salmo 50 — tradicional na liturgia cristã — significa: "Purifica-me com o hissopo, e serei limpo; lava-me, e serei mais branco do que a neve." A pronúncia dessas palavras deve ser feita em tom solene, permitindo que o som, a intenção e o gesto se entrelacem num único fluxo ritual. A aspersão não precisa ser abundante, mas deve ser precisa e completa, abarcando toda a borda do círculo e, se possível, também o centro, onde a manifestação espiritual foi mais intensa.

Esse momento marca a desativação definitiva dos canais espirituais abertos, funcionando como uma espécie de "chave de fechamento" aquática e sagrada.

Em muitas tradições, acredita-se que a água tem memória e pode transmutar campos sutis — por isso, sua presença ao final de uma evocação é indispensável.

4. O Fechamento do Círculo

A parte mais importante da despedida é o fechamento simbólico do círculo mágico. Essa etapa representa o selo final da operação e o retorno completo à realidade comum. O operador deve, com bastão ou espada ritual, apagar os traços visíveis desenhados no chão — caso tenha utilizado giz, carvão ou outro elemento gráfico — com movimentos firmes e contínuos, sempre no sentido anti-horário.

Se o círculo foi traçado com elementos efêmeros, como areia ou farinha, esses devem ser dispersos suavemente. Se estiver montado sobre um pano consagrado ou tapete ritual, o operador deve dobrá-lo ou enrolá-lo com atenção e intenção clara de encerramento. Esse gesto deve ser acompanhado de uma frase ritual, que pode ser dita com voz firme, enquanto o olhar permanece atento aos limites do espaço:

"Que este círculo se feche agora aos olhos dos homens e dos espíritos. Que toda passagem se dissolva sob a luz do Uno."

Essa proclamação é mais do que um enunciado: ela age como um comando energético, dissolvendo qualquer elo restante e selando o ambiente. O magista deve visualizar, ao realizar esse ato, uma contração luminosa do espaço — como se o campo mágico fosse suavemente absorvido de volta à Fonte.

É fundamental que o fechamento do círculo seja feito com clareza de intenção. Nunca deve ser deixado pela metade, sob o risco de manter o espaço vulnerável. Quando bem executado, esse gesto transmite ao corpo e à alma a segurança de que a jornada foi concluída e que o sagrado, devidamente honrado, foi recolhido em paz.

5. O Incenso Final

Um último incenso leve deve ser aceso, como sinal de gratidão e como dispersor das energias concentradas. A fumaça, símbolo ancestral do espírito em ascensão, funciona neste contexto como um veículo de harmonização. Não se trata mais de evocar ou purificar, mas de pacificar, de equalizar os campos e permitir que as frequências se assentem com doçura.

Sugere-se o uso de resinas e ervas de natureza suave e acolhedora: sândalo, lavanda, líbano leve ou benjoim. O operador deve caminhar com o incensário ao redor do espaço mágico, fazendo o trajeto em sentido horário desta vez, simbolizando a reintegração do espaço ao mundo profano. Ao abanar a fumaça nas quatro direções cardeais, o magista pode dizer com voz branda e consciente:

"Vai em paz, espírito da luz. Que esta fumaça leve contigo a bênção que deixaste."

Essas palavras selam a partilha entre planos e ajudam a restabelecer o equilíbrio vibratório do ambiente. A fumaça deve ser observada com atenção: sua densidade, direção ou comportamento incomum podem oferecer indícios sobre a presença ainda ativa de alguma força. Caso isso ocorra, o operador pode prolongar a defumação até que sinta o campo mais leve e silencioso.

O incenso final não apenas conclui o rito — ele consagra o retorno ao ordinário com beleza, suavidade e reverência. Após seu uso, o ambiente permanece impregnado de um perfume discreto e sagrado, como uma brisa final que testemunha a presença do invisível e sua partida em paz.

6. A Reverência e o Silêncio

Concluídos os ritos formais, o operador deve sentar-se dentro do círculo vazio ou ao lado dele e manter um momento de silêncio profundo. Essa pausa é mais do que uma formalidade: é um mergulho na escuta interior, uma suspensão do tempo ordinário onde a alma tem chance de se reorganizar após o contato com o sagrado.

Durante este tempo:
- Sinta o corpo novamente;
- Respire profundamente por alguns minutos;
- Deixe a mente repousar sem imagens ou perguntas.

O ideal é que essa quietude dure entre sete e quinze minutos, mas seu valor não está na duração, e sim na qualidade da entrega. É um espaço liminar, em que o operador não fala, não escreve, não se move em demasia — apenas permanece. A quietude permite que as camadas mais sutis do ser se reestruturem, ajudando a integrar percepções espirituais que, do contrário, poderiam se dispersar ou causar desarmonia emocional.

Esse momento de recolhimento permite que a consciência retorne ao plano cotidiano com serenidade. Também é quando se percebe a integração energética do que foi vivenciado. Às vezes, durante esse silêncio, pequenas compreensões emergem: uma palavra escutada durante o rito ganha novo sentido; uma imagem se fixa com clareza arquetípica; uma emoção se aquieta e revela sua verdadeira origem.

O silêncio ritual, nesse contexto, não é vazio: é matriz. É o útero da assimilação mágica, o lugar onde o invisível se aloja e começa a fazer parte do real.

7. Desvestir-se com Intenção

As vestes rituais devem ser retiradas com cuidado e dobradas com gratidão. Esse ato não deve ser feito como um gesto mecânico, mas como parte essencial da despedida. A roupa usada durante o rito atua como segunda pele simbólica — ela carrega em suas fibras a energia do que foi vivido. Por isso, ao se desfazer dela, o operador deve manter a consciência de que está se despindo também do estado expandido de consciência.

Enquanto o faz, o operador pode dizer:

"Assim como vesti o sagrado, agora me dispo em paz. Que o manto invisível da luz permaneça sobre mim."

Essa fórmula ajuda a manter a conexão espiritual, mesmo após o encerramento dos ritos. Dobrar as vestes, em vez de largá-las, é um ato de respeito — com o rito, com o corpo e com o invisível. Alguns praticantes preferem envolvê-las num pano branco ou azul-escuro e guardá-las separadamente das roupas comuns. Isso reforça o caráter sagrado do traje e evita que sua vibração se misture ao cotidiano.

Esse ato encerra simbolicamente o estado alterado de consciência e devolve o magista à condição ordinária, sem perder a conexão espiritual.

8. Higiene Pós-Ritual

Sugere-se que o operador lave as mãos, o rosto e, se possível, tome um banho breve com água morna e ervas suaves como lavanda, manjericão ou alecrim. Mais do que uma limpeza física, esse banho funciona como uma espécie de dissolução da aura ritual. A água morna ajuda a descarregar eletricidade estática acumulada e a trazer o corpo de volta a um estado de repouso energético.

As ervas, por sua vez, atuam como pontes entre os planos — cada uma com sua assinatura vibratória. Lavanda tranquiliza e pacifica o campo emocional; manjericão fortalece a integridade psíquica; alecrim revigora e limpa impurezas sutis.

Evite:
- Ligar imediatamente aparelhos eletrônicos;
- Conversar com muitas pessoas logo após o ritual;
- Comer em excesso ou fazer atividades agitadas.

Essas ações, comuns no cotidiano moderno, rompem bruscamente o campo de sensibilidade ampliada e podem causar sensação de "choque vibracional". O ideal é manter o recolhimento por pelo menos uma hora após a cerimônia. Esse tempo silencioso ajuda a consolidar os efeitos do rito, permitindo que a magia se assente nas camadas mais profundas da psique.

Esse conjunto de cuidados fecha o rito não apenas no plano espiritual, mas também no físico. É como fechar um livro com respeito, sabendo que a última página é tão importante quanto a primeira. E nesse silêncio limpo e intencional, o que foi recebido começa, enfim, a florescer por dentro.

9. Agradecimento Final ao Divino

Antes de deixar completamente o espaço mágico, o operador deve ajoelhar-se (se possível) e recitar uma prece de gratidão ao Criador. Este é o momento mais íntimo da despedida — não há mais espíritos evocados, nem presença externa a ser honrada. Resta apenas o laço sagrado entre o magista e o Uno. Ajoelhar-se, quando fisicamente possível, é um gesto que confessa humildade e reconhecimento de que toda operação mágica é, no fundo, um dom concedido e não um feito individual.

"Altíssimo, fonte da vida e da verdade, agradeço por permitir este contato sagrado. Que o que foi feito se firme no bem, e que tua luz me acompanhe nos caminhos visíveis e invisíveis."

Esta oração sela a experiência como parte do destino espiritual do operador, ancorando a prática não apenas em técnica, mas em devoção. Pode-se também usar outras palavras espontâneas, contanto que nasçam de um coração sincero. Esse agradecimento final transcende o rito realizado: é uma renovação do pacto entre o praticante e o Mistério, entre a alma e sua origem.

O ideal é que esse agradecimento seja feito com a fronte baixa, olhos fechados e mãos repousadas — ou em mudra de oferenda, se assim desejar. O importante é que o gesto, a palavra e a intenção estejam unidos na mesma frequência de reverência. Nesse instante, o magista deixa de ser oficiante para tornar-se novamente discípulo da luz, caminhante do invisível que sabe agradecer mesmo o que não compreendeu por completo.

10. Sinais de um Bom Encerramento

Após um encerramento bem conduzido, o operador normalmente percebe:
- Sensação de paz e serenidade;
- Clareza mental;
- Corpo energizado, mas tranquilo;
- Ausência de medo ou obsessão com o ritual;
- Intuição elevada nas horas seguintes.

Esses sinais não são garantias, mas indícios. Eles apontam que o campo espiritual foi fechado de modo limpo e que a energia invocada foi bem assimilada. Também indicam que o operador retomou seu centro sem rupturas ou dispersões.

Caso sinta cansaço, desorientação ou agitação, é recomendável:
- Dormir bem naquela noite;
- Usar um cristal de ancoragem (como hematita ou ônix);
- Repetir uma oração curta como âncora.

Essas práticas simples ajudam a reequilibrar o campo energético e a sedimentar os efeitos do rito. É importante lembrar que, mesmo com todos os procedimentos corretos, a alma pode precisar de um tempo maior para assimilar o que foi vivenciado — especialmente se a operação tocou aspectos profundos do inconsciente ou se houve manifestação muito intensa.

A despedida ritual é, na verdade, o início da assimilação de tudo que foi recebido. É o momento em que a magia desce dos céus e começa a se enraizar no cotidiano. O operador que encerra com reverência não apenas se protege, mas também honra o vínculo criado com os reinos sutis. Ele sai do círculo como quem retorna de um santuário invisível — não com pressa, mas com gratidão. Não com orgulho, mas com presença.

Jamais despreze a importância dessa etapa. A magia é uma espiral — começa no mundo visível, sobe aos planos superiores, mas precisa descer novamente, com graça e ordem, ao plano terreno. Somente assim o que foi tocado no alto pode florescer na terra. E é na arte da despedida que essa descida se realiza, não como queda, mas como bênção.

Encerrar um rito é selar um pacto silencioso entre o visível e o invisível, permitindo que a alma do operador volte a repousar em si mesma com plenitude. Quando cada gesto da despedida é feito com presença e intenção, o campo vibratório se realinha, e a experiência transcendente encontra morada no corpo e na memória. Não se trata apenas de encerrar um ciclo, mas de dignificar o sagrado com a mesma nobreza com que foi invocado. O magista que se despede com reverência não fecha apenas um círculo mágico — ele consagra, em si, a continuidade de um caminho onde cada rito vivido se torna parte viva de sua jornada espiritual.

# Capítulo 14
## Registros E Cuidados Pós-Ritual

A etapa pós-ritual, frequentemente negligenciada pelos neófitos, é fundamental para consolidar os efeitos da operação mágica, integrar os ensinamentos recebidos e garantir a estabilidade espiritual do operador. O Heptameron não termina com a despedida do espírito: ele se prolonga no silêncio que vem depois, nas anotações feitas com reverência, nas atitudes do cotidiano que revelam maturidade espiritual. É nesse espaço invisível entre o gesto mágico e a vida comum que a verdadeira alquimia se opera — uma transmutação discreta, mas profunda, do ser. O operador que abandona o círculo sem preparar o terreno para o que vem após corre o risco de transformar uma experiência sagrada em um ato vazio, de efeitos dispersos ou mesmo prejudiciais.

Muitas vezes, o pós-rito é onde a alma, ainda sensível e aberta, se torna vulnerável tanto a interferências externas quanto às armadilhas internas do ego. É quando cessam os cânticos e apagam-se as velas que as verdadeiras vozes começam a falar — e nem todas são luminosas. Por isso, tão importante quanto conhecer os nomes dos anjos ou os horários planetários é cultivar a escuta serena e vigilante que só pode florescer na quietude consciente dos dias seguintes. Essa escuta não se aprende nos grimórios, mas na repetição atenta da prática, na escrita diligente e na observação amorosa de si mesmo.

Este capítulo orienta detalhadamente como criar um diário mágico, registrar experiências com discernimento e proteger-se energeticamente após o ritual. Também oferece conselhos sobre como lidar com efeitos secundários, interpretar símbolos recebidos e manter a integridade emocional ao longo do caminho iniciático. Trata-se de um manual de sustentação interna, uma âncora para a alma que acabou de navegar por águas profundas e precisa agora chegar com segurança à margem. Porque não basta evocar: é preciso acolher, compreender e transformar o que foi recebido. Cada imagem, cada sensação, cada silêncio carregado de sentido deve ser honrado como um fragmento do Mistério.

Ao estabelecer um compromisso com o registro contínuo, o operador aprende a reconhecer os ciclos sutis da prática mágica — momentos de expansão, recolhimento, revelação e purificação. Um diário ritualístico bem mantido torna-se um espelho fiel da jornada oculta, revelando não apenas sucessos e falhas, mas sobretudo padrões de aprendizado espiritual que se repetem, evoluem e, por vezes, exigem revisitação. Esse caderno sagrado não é um luxo, mas uma necessidade, especialmente quando se lida com inteligências que operam em planos onde a linguagem é simbólica e o tempo, espiralado.

Além disso, o pós-rito é o tempo das escolhas conscientes. A maneira como se volta ao mundo após um contato com o invisível diz muito sobre o grau de integração alcançado. Pequenas ações — como cuidar de uma planta, limpar o altar com reverência ou oferecer silêncio ao invés de palavras apressadas — são gestos de continuidade ritual. Elas dizem ao mundo espiritual: "Eu ouvi. Eu respeito. Estou disposto a viver o que recebi." O pós-ritual não é um intervalo entre cerimônias, mas parte ativa da liturgia invisível que sustenta a ponte entre mundos.

Por fim, é na vivência cuidadosa desse tempo suspenso que o operador começa a desenvolver a verdadeira autoridade espiritual. Não a que vem do domínio técnico das fórmulas ou da frequência das práticas, mas aquela que brota do enraizamento profundo no real, da capacidade de permanecer centrado diante do mistério. Uma autoridade silenciosa, serena, inegociável — que não precisa se afirmar porque se manifesta naturalmente em cada gesto, cada escolha, cada palavra não dita. A pedra filosofal da magia não está apenas na conjuração bem-sucedida, mas na vida transformada que dela decorre.

- 1. O Diário Mágico: Um Companheiro de Jornada

Todo operador sério deve manter um diário ritualístico. Esse caderno não é um simples repositório de memórias, mas uma ferramenta de autoconhecimento, discernimento e evolução espiritual. Anotar cada experiência mágica é como desenhar um mapa da própria alma em sua jornada através dos véus do invisível. Ao longo do tempo, esse registro se transforma em um testemunho silencioso da caminhada iniciática, revelando não apenas o que se vivenciou no plano ritualístico, mas também como se reagiu, aprendeu e se transformou com aquilo.

O ato de escrever após um rito tem um poder alquímico. Ele obriga o operador a retomar a experiência com calma, filtrando a emoção do momento e permitindo que a consciência desperta dialogue com as camadas mais profundas do ser. Ao fazer isso, inicia-se uma segunda etapa do trabalho mágico: a digestão espiritual. É nesse processo que muitas intuições se revelam, que mensagens simbólicas se decantam em entendimento, e que os ecos sutis da evocação encontram forma e sentido.

- O que registrar:
- Data, hora e local do ritual;
- Dia da semana e estação mágica;
- Objetivo da conjuração;
- Estado físico, emocional e mental antes do início;
- Falas usadas e eventuais improvisações;
- Sensações durante o ritual: visões, sons, emoções;
- Respostas ou percepções recebidas;
- Dificuldades técnicas ou distrações;
- Estado após o ritual: físico, mental, espiritual.

Essas informações ajudarão o operador a identificar padrões, evoluções e desafios recorrentes. Com o tempo, será possível perceber como certos horários favorecem resultados mais profundos, como o estado emocional pode influenciar na clareza da comunicação espiritual, ou como determinados salmos ou selos ressoam mais com a natureza individual de quem os utiliza. O diário torna-se, assim, um aliado silencioso na arte de refinar o instrumento interior que somos.

• Forma recomendada: Use um caderno consagrado apenas para este fim. A consagração pode ser feita com uma breve oração de intenção e o uso de um incenso suave, passando o caderno pela fumaça com reverência. É recomendável que a capa traga um símbolo pessoal de proteção ou consagração, seja um sigilo criado pelo operador, seja um salmo escrito à mão. Pode conter também selos dos espíritos evocados, desenhos dos círculos usados, versos bíblicos ou salmos que tocaram especialmente o coração.

Alguns operadores preferem separar o diário em seções: antes, durante e depois do ritual. Outros escrevem de forma livre, mesclando relato com reflexões, preces e até mesmo sonhos que ocorreram nos dias seguintes — tudo que, de alguma forma, tenha ligação com a experiência ritual. O importante é a continuidade e a honestidade com que se escreve. Não se trata de produzir um relatório técnico para terceiros, mas um testemunho íntimo diante do sagrado.

Com o tempo, reler os registros anteriores pode se tornar uma prática poderosa. À luz da experiência acumulada, antigos enigmas se esclarecem, e erros repetitivos tornam-se visíveis. Às vezes, o que não foi compreendido em um primeiro momento se revela com clareza meses ou anos depois, à medida que o operador amadurece. O diário, portanto, não é apenas um espelho do momento, mas um compêndio de evolução espiritual que cresce e respira com o próprio magista.

- 2. Como Avaliar a Experiência

Após o ritual, o entusiasmo pode levar a interpretações exageradas. É importante manter a objetividade, mesmo diante de fenômenos intensos.

Pergunte-se:

- O que senti foi autêntico ou projeção mental?
- Havia coerência entre o que pedi e o que recebi?
- O espírito respondeu ou foi minha expectativa?
- A energia do ambiente mudou visivelmente?
- Houve ressonância espiritual duradoura nos dias seguintes?

A maturidade do magista se revela na capacidade de separar fantasia de vivência real, sem perder o encantamento do sagrado.

- 3. Interpretação de Símbolos e Respostas

Muitas vezes, os espíritos se comunicam por imagens mentais, símbolos, palavras soltas, sensações térmicas ou luminosas. O diário ajuda a mapear esses elementos com o tempo.

- Exemplos:
- Uma rosa branca pode representar paz, reconciliação ou pureza do pedido.

- Uma espada pode sugerir ação, defesa, corte de ilusões ou autoridade.
- Uma escada pode significar progresso espiritual ou etapas futuras.

Não há dicionário universal. Cada símbolo deve ser interpretado à luz da intenção do ritual e do arquétipo pessoal do operador.

- 4. Cuidados Energéticos Pós-Ritual

Após uma evocação, o campo energético do operador permanece mais aberto por algumas horas ou até dias. Isso exige uma vigilância sensível e contínua, pois qualquer estímulo denso ou dissonante pode interferir na assimilação das forças invocadas. O pós-rito é um estado liminar — nem totalmente dentro do círculo, nem completamente fora dele — e, por isso mesmo, de extrema delicadeza.

Nesse período, as fronteiras entre os corpos físico, emocional e espiritual estão mais fluidas. É comum que o operador perceba oscilações de humor, alteração na percepção do tempo, sonhos vívidos ou até mesmo uma sensação de estar "vazando luz". Tais sintomas não são motivo de alarde, mas indicativos de que a alma ainda está acomodando as energias movimentadas. A proteção nesse momento não deve ser reativa, mas ritualística e compassiva, como se o próprio corpo fosse um templo a ser purificado e selado novamente.

- Evitar discussões, ambientes caóticos ou consumo excessivo de informação;
- Evitar práticas espirituais diferentes imediatamente após o ritual (como oráculos ou mediunidade);

• Evitar repetir o mesmo ritual em sequência sem discernimento.

Além dessas precauções, é essencial cultivar espaços de repouso e simplicidade. Não é necessário se isolar completamente, mas reduzir estímulos — especialmente digitais — pode ajudar a estabilizar a psicosfera. Contato com a natureza, arte contemplativa ou mesmo o silêncio podem atuar como bálsamos espirituais nesse processo.

• Sugestões:
• Usar cristais de proteção (turmalina negra, ônix, obsidiana);
• Banhos leves com ervas calmantes (camomila, alfazema);
• Uso moderado de velas ou incenso nos dias seguintes;
• Ancoragem física com caminhada na natureza ou jardinagem.

Estes elementos não substituem a consciência, mas a apoiam. Um banho com folhas de lavanda pode ser preparado da seguinte forma: ferva um punhado das ervas em água limpa, deixe amornar e despeje sobre o corpo após o banho higiênico, sempre do pescoço para baixo, mentalizando a liberação de resíduos espirituais e o retorno ao eixo interno. Caminhar descalço na terra, regar plantas com atenção ou mesmo preparar uma refeição com presença são formas de "aterrar" o espírito, de trazer a alma de volta para o corpo com doçura e reverência.

- 5. Evite o Efeito Rebote

O ego mágico pode inflar após uma experiência intensa. Sentir-se "escolhido" ou "especial" é um sintoma clássico do desequilíbrio espiritual. Há um fascínio legítimo no contato com inteligências superiores, mas também um perigo: a ilusão de superioridade. O verdadeiro operador reconhece que qualquer manifestação obtida é uma graça, não uma conquista pessoal. O espírito se comunica porque há abertura e permissão do Alto, não por mérito isolado do evocador.

Para evitar isso:
- Mantenha humildade: tudo vem do Alto, não de você;
- Compartilhe pouco: não banalize sua experiência com descrentes ou curiosos;
- Ore pelo discernimento antes de falar sobre o que viu ou ouviu;
- Não tente repetir a experiência compulsivamente. Magia não é espetáculo.

É recomendável que, ao final do rito, o operador eleve uma prece silenciosa de agradecimento e ofereça simbolicamente os frutos da prática ao bem maior. Esse gesto interno — mesmo que sem palavras — ajuda a redirecionar o foco para o serviço espiritual, diluindo o risco de idolatria da própria experiência.

- 6. Integração com a Vida Cotidiana

A verdadeira magia é aquela que transforma o viver. Após um ritual:
- Observe mudanças no seu humor, sonhos e relações nos dias seguintes;

- Preste atenção em sincronicidades (palavras repetidas, encontros, leituras que se cruzam);
- Tome pequenas atitudes que simbolizem sua abertura à mensagem recebida: doar algo, escrever uma carta, iniciar um hábito novo.

A integração é a pedra angular do pós-rito. Sem ela, o ritual permanece um evento isolado, sem consequência real. Com ela, cada gesto cotidiano torna-se um desdobramento do sagrado, uma continuidade do círculo mágico no tecido da vida comum. O operador que aprende a viver os ecos do ritual nos detalhes do dia a dia — na maneira de escutar alguém, de arrumar sua casa, de agir diante de um desafio — torna-se, de fato, um alquimista do invisível. A evocação, então, deixa de ser um fim em si e se torna ponte: entre planos, entre realidades, entre quem fomos e quem podemos vir a ser.

- 7. Quando Repetir o Ritual?

Nem sempre é necessário repetir um rito. A impaciência do ego pode pressionar por resultados imediatos, mas a linguagem do mundo espiritual não obedece ao tempo humano. Há momentos em que o silêncio é, por si só, uma resposta. Insistir em um novo chamado sem escutar plenamente o eco do anterior é como bater novamente à porta que ainda está se abrindo.

Antes de considerar uma repetição, pergunte-se se houve, de fato, ausência de resposta, ou se a percepção ainda não amadureceu para reconhecê-la. Muitos sinais se revelam nos dias posteriores, em sonhos, sincronicidades ou lampejos intuitivos que escapam à mente lógica. A pressa, por outro lado, tende a gerar ruído e a fechar os canais sutis que se abriram com o rito.

Faça-o novamente somente se:
- A resposta foi ambígua e você sente que havia ruído na conexão;
- A conjuração foi interrompida por fatores externos (barulhos, distrações, falhas);
- Houve erro grave na execução: círculo incompleto, data errada, materiais impuros.

Quando a repetição for necessária, prepare-se com ainda mais cuidado que na primeira vez. Reveja o diário anterior, estude os possíveis erros com humildade, e reconsagre seus instrumentos. Evite usar a magia como válvula de escape. Repetição obsessiva desgasta o campo espiritual e pode atrair formas-pensamento ilusórias — simulacros da experiência original, desprovidos de verdade e carregados de desejo inconsciente.

- 8. Falhas e Frustrações: Como Lidar

Se o ritual parecer ter "falhado", evite a autocrítica dura. Magia é uma arte viva, sujeita a múltiplas variáveis. Nem sempre uma evocação produz efeitos imediatos ou perceptíveis. Muitas vezes, o que se plantou naquele momento só florescerá semanas ou meses depois, quando o terreno interno estiver mais fértil.

As causas de insucesso são diversas, e todas oferecem um convite ao autoconhecimento:
- Falta de preparação emocional;
- Intenção confusa ou egoísta;

- Desalinhamento com os princípios espirituais do rito;
- Presença de medos inconscientes que bloqueiam a conexão.

Nesses casos, registre tudo com honestidade. Nomeie seus receios, dúvidas, hesitações. Às vezes, escrever a própria frustração já é um rito de liberação e cura. Reflita, reze, e aguarde pelo menos um ciclo lunar (28 dias) antes de tentar novamente. O tempo, na magia, é um aliado oculto — ele permite que as águas se clarifiquem e que a intenção amadureça em profundidade.

- 9. Proteção Contra Efeitos Secundários

Embora raros, alguns efeitos colaterais podem surgir. Eles não indicam necessariamente erro, mas sim uma sensibilidade ampliada ou uma reorganização energética em curso:

- Pesadelos simbólicos;
- Irritabilidade sem causa;
- Sono desregulado ou insônia;
- Apatia ou euforia desproporcionais.

O corpo e a psique respondem à abertura espiritual de formas distintas. Às vezes, o excesso de luz revela sombras que estavam adormecidas. O importante é acolher esses sinais sem medo nem julgamento, e agir com delicadeza e firmeza.

Ações recomendadas:

- Purificação do quarto com incenso suave e sal grosso em potes;
- Colocar uma pedra de ametista ou quartzo sob o travesseiro;

- Fazer uma oração noturna breve e sincera antes de dormir;
- Alimentar-se bem e evitar jejum prolongado após o ritual.

Se os sintomas persistirem por mais de sete dias, busque orientação espiritual com alguém experiente, que possa ajudar a discernir entre um desdobramento natural e um desequilíbrio a ser tratado com mais atenção.

- 10. O Silêncio como Continuação do Ritual

Após o término da cerimônia, mantenha por algumas horas — ou mesmo dias — um jejum de palavras sobre o que ocorreu. Esse silêncio não é medo, é maturidade. É nele que os ecos da experiência se aprofundam, como sementes que só germinam no escuro da terra. Falar demais dissipa a força, confunde a memória e fragiliza a alma.

"O silêncio é o guardião da verdade mágica."

Somente compartilhe sua experiência com:

- Mentores de confiança;
- Companheiros de prática que conhecem o sistema;
- Espelhos da alma — pessoas cuja presença sagrada pode acolher sem julgar.

A palavra, quando finalmente dita, deve vir de um lugar de assentamento e não de exibição. Registrar, cuidar, interpretar e integrar são verbos sagrados no pós-rito. E o silêncio, mais do que ausência de som, é a moldura onde a alma desenha, pouco a pouco, o significado do que viveu.

Registrar, cuidar, interpretar e integrar são verbos sagrados no pós-rito. O operador que dedica atenção a essa fase do processo mostra não apenas devoção, mas compromisso com a própria transformação interior. São nesses gestos que o rito continua a viver, não mais no círculo traçado no chão, mas na espiral invisível que se desenha na alma. Cada anotação feita com sinceridade, cada silêncio escolhido com consciência, cada ação cotidiana carregada de simbolismo revela que a magia não terminou com a despedida do espírito — ela apenas mudou de forma.

O verdadeiro poder não reside no instante da conjuração, mas na capacidade de sustentar a vibração do sagrado no tempo comum. É fácil vestir o manto ritual e entoar palavras antigas; difícil é permitir que a evocação ressoe em cada escolha subsequente, em cada pensamento cultivado, em cada vínculo mantido ou transformado. O pós-rito é esse campo de provas: ali se revela se a magia foi um ato performático ou um compromisso interno com o Mistério.

O Heptameron não é um grimório de espetáculo, mas um mapa iniciático. Cada conjuração é um degrau na escada da alma. E é nos silêncios entre os ritos que a pedra bruta começa a revelar sua lapidação. Não pelo brilho momentâneo da visão, mas pela persistência com que o operador retorna ao altar invisível do cotidiano, onde tudo é rito — se houver presença. A escada não é feita apenas de invocações, mas de pausas, dúvidas, reflexões e renascimentos. Subir é permanecer: presente, lúcido e fiel ao chamado que, uma vez ouvido, jamais se cala inteiramente.

É nesse percurso silencioso, entre registros atentos e gestos cotidianos carregados de sentido, que o verdadeiro legado da prática se revela. Mais do que um momento isolado de conexão com o invisível, o rito se desdobra em uma pedagogia da presença, onde cada passo fora do círculo ainda ecoa o chamado inicial. Ao honrar o pós-rito com a mesma reverência dedicada à conjuração, o operador transforma o próprio viver em solo fértil para o sagrado, permitindo que a magia infiltre as fibras da existência comum até que, pouco a pouco, já não haja mais fronteira entre o ritual e a vida.

# Capítulo 15
## Ética E Perigos Da Arte

Ao alcançar os últimos degraus desta escada ritualística, é imprescindível que o praticante detenha-se para refletir profundamente sobre a ética que sustenta todo o edifício da magia cerimonial. O Heptameron, embora seja uma obra prática, está fundado sobre valores espirituais que não podem ser negligenciados. Magia sem ética é manipulação. Ritual sem humildade é vaidade. E a evocação sem discernimento pode tornar-se um portal aberto para o desequilíbrio e a ilusão.

Antes de avançar, é necessário reconhecer que o verdadeiro poder espiritual não se manifesta apenas através de símbolos, fórmulas e procedimentos rituais. Ele exige, acima de tudo, uma integração interior que sustente cada gesto com clareza moral e sensibilidade. Muitos estudiosos se perdem ao buscar no cerimonial apenas os resultados tangíveis, esquecendo que a operação mágica é, em essência, uma comunhão com o invisível — e este só se revela de maneira legítima ao coração puro.

Não se trata de puritanismo espiritual, mas de um entendimento maduro do pacto que a magia exige. Cada círculo traçado, cada nome divino entoado, cada incenso aceso é uma declaração: "estou pronto para agir como ponte entre mundos, e assumo a responsabilidade por isso." Quando essa consciência está ausente, o ritual se transforma em imitação teatral, incapaz de produzir qualquer transformação real — ou pior, abre brechas para forças que respondem ao desejo, mas não à verdade.

Esse é o ponto em que a ética se torna mais do que um princípio abstrato: ela se revela como salvaguarda da própria sanidade. O operador que atua sem discernimento pode facilmente confundir uma manifestação simbólica do inconsciente com uma presença espiritual objetiva. A linha entre a revelação e o delírio é, muitas vezes, tênue — e apenas a honestidade interior pode preservá-la.

Há, também, um risco constante de instrumentalizar a prática. Ao perceber que certos ritos produzem efeitos, é comum o ego desejar controlar esses efeitos para fins pessoais. Surge então a tentação de invocar não o que é necessário, mas o que agrada; de evocar não o que orienta, mas o que obedece. Esse desvio, embora sutil no início, tende a crescer como erva daninha, sufocando a raiz espiritual da prática.

Por isso, este capítulo convida o leitor a compreender os limites da prática mágica, os riscos da soberba, a diferença entre invocação e evocação, e a responsabilidade que acompanha o poder espiritual. Não basta saber operar os elementos: é preciso saber por que e para quem se opera. Cada ação mágica repercute não apenas no mundo invisível, mas também na alma do próprio magista. Como o alquimista que enxerga no cadinho o reflexo de sua psique, o operador ritual precisa entender que toda evocação é, em parte, um diálogo com suas próprias sombras.

Trata-se, em última instância, de um chamado à maturidade. A magia não é caminho para os que buscam fuga, glória ou distração, mas para os que têm coragem de se transformar. E transformação, nesta senda, significa abrir mão das ilusões de controle e aceitar o mistério como mestre. A ética, neste contexto, não é um código externo, mas uma vibração interna que guia cada escolha, cada silêncio e cada palavra pronunciada diante do altar.

- 1. Invocação x Evocação: Portas Internas e Externas

Uma distinção clássica na tradição mágica é entre invocar e evocar. Embora ambos os termos envolvam chamar forças espirituais, suas naturezas são distintas:

- Invocar significa chamar para dentro — atrair a presença de uma força espiritual ao interior do próprio ser. É o que ocorre, por exemplo, em estados de oração profunda, quando se pede a presença de um anjo, um arquétipo ou uma virtude. Nesses momentos, o operador se torna receptáculo e espelho, permitindo que a energia invocada penetre sua consciência e molde seus pensamentos, atitudes e disposições interiores. Essa presença, quando legítima, não se impõe como uma voz estranha, mas como um aumento da lucidez, da compaixão ou da coragem. Trata-se de um diálogo sutil entre o Eu e o Transpessoal. Porém, essa fusão pode gerar desequilíbrios se o praticante não tiver ancoragem emocional: pode ocorrer a identificação equivocada com a entidade ou uma hipertrofia do ego disfarçada de iluminação.

- Evocar, por outro lado, é chamar para fora — fazer com que uma entidade espiritual se manifeste em um espaço separado, normalmente delimitado por um círculo mágico. O espírito, nesse caso, não entra no magista, mas comparece em sua presença, como se respondesse a um chamado cerimonial em uma sala de audiência sagrada. Essa operação exige disciplina ritual, domínio simbólico e firmeza psíquica. Diferentemente da invocação, que demanda abertura interior, a evocação requer delimitação precisa: o círculo é o limite entre os mundos, e o triângulo, o lugar de manifestação da entidade. A evocação é um encontro entre consciências distintas, onde o operador deve manter clareza, compostura e domínio ético.

A evocação é mais exigente, pois requer contenção, purificação e autoridade. A contenção evita que o medo ou a arrogância interfiram no rito. A purificação assegura que o operador não leve consigo resíduos emocionais que possam distorcer a comunicação. E a autoridade — espiritual, não teatral — estabelece o tom do encontro. Sem essas qualidades, o magista corre o risco de se enganar com projeções de seu inconsciente ou de abrir portas para forças enganadoras. O magista que não compreende essa diferença pode confundir expansão da consciência com delírio, ou manifestação simbólica com presença objetiva. É preciso maturidade para reconhecer os próprios limites e humildade para aceitar que nem tudo que brilha vem da luz.

- **2. O Perigo do Orgulho Mágico**

Poucos venenos são tão sutis e fatais quanto o orgulho no caminho mágico. Ele se manifesta assim:

- Sensação de superioridade espiritual sobre os outros;
- Desejo de impressionar com relatos mágicos;
- Busca por resultados espetaculares como prova de poder;
- Crença de que está acima das leis naturais ou espirituais.

Esse tipo de orgulho não aparece de forma abrupta — ele se insinua em pequenas conquistas, em elogios recebidos, em visões intensas mal compreendidas. À medida que o operador começa a perceber os efeitos da prática mágica, torna-se vulnerável à tentação de acreditar que esses efeitos são prova de sua grandeza pessoal. A magia, quando usada como espelho do ego, transforma-se em palco. O altar vira vitrine, o rito vira performance. E o contato com o sagrado, que exige silêncio interior, cede lugar à vaidade barulhenta.

O orgulho mágico não apenas corrompe a intenção: ele enfraquece o campo espiritual. Ao inflar-se, o operador se afasta da sintonia com as inteligências superiores, abrindo espaço para formas ilusórias — entidades que alimentam a vaidade, confirmam fantasias e drenam energia. Muitos iniciados estagnam nesse ponto. Em vez de prosseguir na senda da depuração, estacionam em delírios de grandeza, convencidos de que alcançaram o topo. Não percebem que, quanto mais se avança, mais humildade se exige. O verdadeiro poder espiritual é silencioso, desapegado e atento ao sofrimento alheio — nunca é instrumento de autopromoção.

- 3. O Consentimento Espiritual

Evocar um espírito é um ato sagrado. Mesmo os anjos, que são mensageiros do Bem, não estão à disposição para vontades fúteis ou arbitrárias. Toda evocação precisa estar ancorada em:

- Um motivo justo e elevado (cura, orientação, proteção, revelação);
- Uma intenção limpa de manipulação, vingança ou domínio;
- Um consentimento espiritual — obtido pelo alinhamento interior e pela humildade do invocador.

Esse consentimento não é uma permissão verbal ou visível, mas uma ressonância interna que indica que a operação está em harmonia com a ordem espiritual. Sem essa sintonia, o operador pode acabar evocando algo que responde ao seu desejo — mas não ao seu bem. A evocação feita por curiosidade, capricho ou vaidade é como bater na porta do invisível sem saber quem pode atendê-la. O universo espiritual não se curva à vontade humana como um servo. Ele responde à verdade da intenção.

É por isso que os mestres da Arte sempre enfatizaram a preparação interior antes do rito: jejum, silêncio, exame de consciência. O magista precisa verificar se sua motivação é limpa, se sua mente está clara, se há uma real necessidade no chamado. Caso contrário, o que responde ao nome entoado pode não ser um espírito legítimo, mas uma forma-pensamento, um fragmento inconsciente ou até uma inteligência oportunista. As consequências disso vão desde o enfraquecimento do campo energético até desequilíbrios psíquicos graves. A evocação, quando feita com reverência e discernimento, torna-se uma ponte para o conhecimento. Mas quando feita sem consentimento espiritual, transforma-se em armadilha.

- 4. O Uso Indevido da Magia

Há quatro formas comuns de se desviar da ética mágica:

1. Manipular a vontade de terceiros — mesmo com boa intenção, isso viola o livre-arbítrio. A magia deve auxiliar, não controlar. Forçar que alguém tome uma decisão, deseje algo, ou se aproxime ou afaste por influência ritualística é uma violação do pacto invisível de autonomia espiritual que sustenta toda convivência sagrada. É como tentar impor, pela força invisível, uma vontade que não é natural ao outro — o que gera não só desequilíbrio energético como também um retorno kármico em forma de confusão, distanciamento ou culpa.

2. Buscar vantagens materiais desproporcionais — é legítimo pedir sustento, trabalho ou proteção, mas usar os espíritos como servos para ganho egoísta é perigoso e limitante. A linha entre necessidade e ganância pode ser tênue, e muitos magistas a cruzam quando tentam instrumentalizar o invisível para fins de poder, acúmulo ou ostentação. Esses pedidos costumam atrair forças que cobram alto preço, aprisionando o operador em ciclos de carência e

dependência espiritual, mesmo que os resultados iniciais pareçam positivos.

3. Conjurar por mera curiosidade ou entretenimento — a evocação não é espetáculo. Espíritos não devem ser testados ou invocados "para ver no que dá". Essa atitude fere a sacralidade do rito e atrai manifestações desconexas, por vezes caóticas, que podem desestabilizar o campo psíquico do operador. Tratar o invisível como parque de diversões é abrir espaço para forças que zombam do sagrado e confundem a percepção. Cada evocação é um encontro sutil com o mistério — e o mistério exige reverência.

4. Repetir rituais obsessivamente para obter o que deseja — isso denota apego e falta de fé. O ritual é uma ponte, não uma alavanca. Quando o gesto mágico é repetido com ansiedade, ele já não vibra com a ordem superior, mas com a insistência do desejo. Isso cria ruído, e o operador acaba se afastando da fonte, afundando-se na ilusão de que mais esforço significa mais poder. Em verdade, o excesso de ritual indica que o magista deixou de confiar — e, sem confiança, o canal se fecha.

- 5. Riscos Psicológicos e Espirituais

Além das consequências espirituais, há riscos mentais para quem entra neste caminho sem base sólida. Alguns deles:

- Delírios de grandeza — ao sentir-se em contato com forças elevadas, o operador pode começar a acreditar que é escolhido, messiânico ou superior aos demais. Esse delírio, disfarçado de iluminação, leva à perda de senso crítico e, muitas vezes, ao isolamento ou à manipulação de outras pessoas em nome de uma suposta missão espiritual.

- Paranoia espiritual (sentir-se perseguido por forças ocultas) — quando o magista não diferencia sensibilidade energética de ameaça real, cada sombra se torna inimiga. Vive-se então em estado constante de defesa, imaginando ataques onde há apenas movimento simbólico ou reflexo inconsciente. Isso consome vitalidade e obscurece o discernimento.
- Isolamento social devido a um suposto despertar espiritual superior — crendo-se incompreendido pelo mundo, o operador se afasta de vínculos humanos saudáveis. Rompe com a família, com os amigos, com o trabalho, alegando ser "diferente". A espiritualidade vira refúgio do ego ferido, e não ponte para o amor.
- Confusão entre imaginação e realidade espiritual — visões internas, sonhos ou intuições são tomados como fatos absolutos. Perde-se a distinção entre o que se passa na alma e o que acontece no mundo. Essa fusão de planos pode levar a estados dissociativos, delírios místicos ou mesmo episódios psicóticos.

A proteção contra isso está na oração, no estudo contínuo, na convivência com pessoas sensatas e no enraizamento na realidade cotidiana. Manter práticas simples, como cuidar do corpo, lidar com o dinheiro de forma responsável, manter o diálogo com pessoas que pensam diferente, frequentar lugares públicos, são gestos que ajudam a manter o equilíbrio. A espiritualidade que isola, que rompe com a vida comum, que cria distorções nos afetos e na realidade, não é elevação — é fuga. A magia verdadeira floresce quando o céu toca a terra, e o invisível ensina o coração a viver com mais presença, lucidez e amor.

- 6. O Juramento Interno

Antes de seguir adiante com o sistema do Heptameron, recomenda-se que o operador estabeleça um pacto interno — não com os espíritos, mas com a própria alma. Algo como:

"Juro buscar o Conhecimento com Reverência, praticar a Magia com Verdade, invocar apenas com Intenção Justa, nunca manipular nem subjugar a ninguém, e honrar o Caminho que me foi aberto."

Esse compromisso não é apenas simbólico. Ele atua como um selo energético, um eixo silencioso que sustenta o magista nos momentos de dúvida, tentação ou exaltação. Quando feito com sinceridade, o juramento interno alinha o propósito do operador à corrente superior da Arte, impedindo que o rito se transforme em ferramenta do ego. Ele também serve como critério de escolha: diante de cada decisão mágica, o operador pode se perguntar se está sendo fiel àquele pacto primordial.

Além disso, o juramento nutre o campo moral da prática. Não como regra rígida imposta de fora, mas como um lembrete íntimo de que o poder ritual deve ser exercido com discernimento, discrição e compaixão. O que se promete à própria alma ecoa nos planos invisíveis, moldando a qualidade das entidades que se aproximam, o tipo de ensinamentos que se revelam, e a direção para onde se abre o caminho. Um magista sem juramento interno é como um navio sem bússola:

mesmo com velas fortes, pode perder-se no mar da própria vontade.

- 7. A Diferença entre Autoridade e Arrogância

A autoridade mágica vem do alinhamento com a luz, da disciplina e da pureza de intenção. A arrogância é fruto da pressa, da comparação e do ego inflamado. Como distinguir?

- A autoridade é silenciosa, firme e respeitosa;
- A arrogância é barulhenta, provocadora e insegura.

A autoridade legítima não precisa se anunciar. Ela emana naturalmente da presença do magista, manifesta-se na clareza de suas palavras, na serenidade de seus gestos, na coerência de suas ações. É fruto de um caminho trilhado com humildade, esforço e escuta profunda. Já a arrogância busca ser vista, validada e temida. Ela grita para esconder sua fragilidade.

Ao encontrar resistência espiritual, o operador deve questionar sua preparação e intenção antes de impor seu comando. Nem toda resistência é maligna. Às vezes, ela é um teste — não da força do magista, mas da pureza de seu propósito. Espíritos mais elevados não respondem à voz autoritária, mas à vibração verdadeira. Se o operador age com vaidade, pressa ou impaciência, é provável que atraia apenas forças do mesmo tom — e essas dificilmente conduzem à luz. A verdadeira autoridade se reconhece no silêncio: quando o espírito cessa o tumulto e a presença se instala com clareza, ali houve escuta, e não imposição.

- 8. O Papel do Sofrimento e da Dor

Muitas vezes, quem chega à magia vem de um lugar de dor. Traições, perdas, doenças ou opressões despertam a busca pelo sagrado. Isso é legítimo — mas perigoso se não for elaborado.

A dor pode ser uma abertura, mas também um abismo. Quando usada como combustível para controle, vingança ou autoengrandecimento, ela contamina o rito com os resíduos do trauma. Nesse caso, o magista não invoca a cura, mas perpetua a ferida. Usa a magia como armadura, não como caminho de libertação.

Por outro lado, se o sofrimento for transmutado em compaixão, escuta e transformação, ele se torna um solo fértil para o verdadeiro poder espiritual. A dor, quando integrada, amplia a sensibilidade, torna o magista mais receptivo aos mistérios do invisível e mais consciente do sofrimento alheio. Ela purifica a motivação, tornando o gesto mágico mais silencioso, mais eficaz e mais generoso.

O segredo está em não negar a dor, mas em permitir que ela ensine sem dominar. Ritualizar o sofrimento é reconhecer sua presença sem se escravizar a ela. É transformar a ferida em altar, o luto em oferenda, e a ausência em espaço de escuta. A magia, nesse sentido, torna-se não uma fuga da dor, mas uma alquimia profunda que a redime — e, ao redimi-la, revela o verdadeiro poder que brota da vulnerabilidade honesta.

- 9. A Responsabilidade com os Outros

Muitos operadores sentem o desejo de ajudar outras pessoas com os rituais do Heptameron. Isso é possível, desde que:

- Haja permissão expressa da pessoa a ser beneficiada;
- A intenção seja clara e limpa (cura, proteção, clareza);
- Não se crie dependência energética ou emocional com o consulente.

A prática mágica voltada ao outro exige ainda mais discernimento do que a prática voltada a si mesmo. Quando se age em nome de alguém, assume-se também a responsabilidade pelo campo daquela pessoa, o que implica riscos espirituais e éticos relevantes. Operar sem consentimento — mesmo com boas intenções — é violar um espaço sagrado que não nos pertence. A magia, nesse sentido, não é extensão da nossa vontade, mas escuta do destino do outro.

Mais delicado ainda é o risco de estabelecer vínculos de dependência. Ao auxiliar alguém com ritos, há sempre a tentação de se tornar necessário, de ser visto como canal exclusivo do sagrado. Quando isso ocorre, o operador passa a ocupar um papel de salvador, substituindo o próprio caminho interior do consulente por uma solução externa. Isso mina a autonomia espiritual da pessoa ajudada e distorce o próprio papel do magista.

Lembre-se: ajudar espiritualmente é oferecer canal, não substituto. O verdadeiro auxílio acontece quando o operador fortalece o outro a caminhar por si, a se reconectar com sua própria luz, sua própria voz interior. Por isso, é fundamental manter o foco na simplicidade, na ética e no não envolvimento emocional excessivo. O operador deve permanecer como um espelho, não como uma bengala.

O serviço mágico, quando realizado com retidão, pode ser um dos atos mais elevados do caminho. Mas para isso, precisa estar enraizado na humildade, na escuta e na consciência clara de que o poder não é nosso — apenas passa por nós.

- 10. O Caminho do Silêncio e da Simplicidade

Quanto mais elevado o magista, menos necessidade tem de provar algo. Os verdadeiros mestres da Arte são discretos, humildes e muitas vezes irreconhecíveis. Vivem sua espiritualidade no silêncio dos gestos, na firmeza das escolhas e na ética inabalável.

A sabedoria mágica não se mede por visões, fenômenos ou número de operações realizadas. Ela se reconhece na forma como o magista caminha pelo mundo: sem fazer alarde, sem buscar reconhecimento, sem precisar convencer ninguém da veracidade de suas experiências. O poder verdadeiro é sereno.

Por isso:
- Evite ostentar conhecimento espiritual em redes sociais;
- Não tente converter ou convencer ninguém da eficácia dos seus ritos;
- Proteja suas experiências como sementes em germinação.

O silêncio é uma das maiores proteções do caminho. Ele guarda o mistério, preserva a energia e impede que a vaidade ou a dúvida contaminem a experiência. E a simplicidade é sua aliada — ela mostra que o essencial não está nos excessos, mas na presença.

A ética é a âncora da magia. Ela impede que o operador se perca nas águas da ilusão, do poder vazio ou da fragmentação interior. O Heptameron, embora antigo, ainda ecoa com uma sabedoria que exige maturidade, reverência e responsabilidade.

A ética mágica, longe de ser um adorno moralista, é a estrutura oculta que sustenta a ponte entre os mundos. Sem ela, todo rito, por mais bem executado, torna-se frágil como vidro polido: reflete, mas quebra com facilidade. O verdadeiro operador não é aquele que mais evoca, mas quem sustenta, em cada gesto e silêncio, a vibração do sagrado com integridade. Esse caminho exige não só domínio técnico, mas principalmente uma escuta viva da alma, onde a consciência do outro, a humildade diante do invisível e a fidelidade ao próprio juramento interior se entrelaçam para que a magia seja, antes de tudo, expressão de verdade.

# Capítulo 16
## Apêndice Visual E Tabelas

Este capítulo final tem por objetivo oferecer ao leitor recursos visuais e práticos que auxiliem na execução precisa dos rituais apresentados ao longo desta obra. As práticas do Heptameron são altamente simbólicas e estruturadas, exigindo atenção aos detalhes e fidelidade às formas. Por isso, reunimos aqui diagramas, selos, tabelas e traduções que servirão como ferramentas complementares de estudo e ação ritual. O apêndice deve ser consultado sempre que o operador desejar confirmar informações essenciais, revisar a disposição dos círculos ou verificar nomes, horas e atributos dos espíritos regentes.

• 1. Diagrama dos Três Círculos Mágicos
A seguir, está representado o modelo tradicional dos três círculos:
• Círculo Interno: contendo os nomes divinos (Tetragrammaton, Adonai, Agla, etc.) e os símbolos de Alpha e Ômega com cruzes interpostas.
• Círculo do Meio: inscrevem-se os nomes dos anjos da hora, do dia e da estação, com seus sigilos e as designações do tempo e do signo zodiacal.
• Círculo Externo: apresenta os nomes dos anjos do ar e

seus ministros, nos quatro quadrantes, acompanhados dos pentagramas nos cantos externos. Nota: As representações visuais devem ser copiadas manualmente com devoção e cuidado sobre pergaminho ou pano branco previamente consagrado.

• 2. Tabela dos Dias da Semana, Anjos Regentes e Ministros

| Dia | Anjo Principal | Ministros Auxiliares | Inteligência Planetária | Singo Planetário |
|---|---|---|---|---|
| Domingo | Miguel | Dardiel, Huratapal, Capriel | Nakhiel | Sol |
| Segunda | Gabriel | Miel, Seraphiel, DamaelMiel, Seraphiel, Damael | Malcha | Lua |
| Terça | Samael | Carrer, Tomim, Tarfiel | Graphiel | Marte |
| Quarta | Rafael | Gabiel, Seraphim, Deliel | Tiriel | Mercúrio |
| Quinta | Sachiel | Castiel, Asasiel, Anael | Yophiel | Júpiter |
| Sexta | Anael | Rafael, Rachiel, Sael | Hagiel | Vênus |
| Sábado | Cassiel | Machatan, Uriel, Sabathiel | Agiel | Saturno |

- 3. Horas Mágicas — Divisão e Cálculo

As horas mágicas são calculadas dividindo-se o tempo entre o nascer e o pôr do sol em 12 partes (horas diurnas), e o tempo entre o pôr do sol e o nascer seguinte em outras 12 partes (horas noturnas). Cada hora tem um regente planetário, conforme a sequência: Saturno, Júpiter, Marte, Sol, Vênus, Mercúrio, Lua (repetindo o ciclo). Para o uso adequado:
• Utilize tabelas de nascer/pôr do sol da sua localidade.
• Calcule a duração das horas mágicas para cada dia.
• Verifique qual espírito rege a hora desejada com base na sequência acima.

- 4. Tabela de Estações, Elementos e Cabeças do Zodíaco

| Estação | Elemento | Cabeça do Signo | Espírito da Terra | Símbolos Associados |
|---|---|---|---|---|
| Primavera | Ar | Áries | Oriens | Verde, flores |
| Verão | Fogo | Leão | Paymon | Dourado, fogo |
| Outono | Terra | Libra | Egyn | Castanho, folhas |
| Inverno | Água | Capricórnio | Amaymon | Azul, gelo |

- 5. Nomes e Traduções de Fórmulas e Orações

Asperges me Domine hyssopo et mundabor: lavabis me, et super nivem dealbabor

*Aspergir-me-ás, Senhor, com hissopo e serei purificado; lavar-me-ás e me tornarei mais branco que a neve.*

Exorcizo te, creatura ignis, per nomen Dei vivum...

*Eu te exorcizo, criatura do fogo, pelo nome do Deus vivo...*

Fiat voluntas tua, Domine, sicut in coelo, et in terra.

*Seja feita a Tua vontade, Senhor, assim na Terra como no Céu.*

- 6. Modelos de Registros Rituais

Recomenda-se que cada operador mantenha um diário mágico. Um modelo simples de registro:

Data: [Inserir dia, hora e estação] Objetivo do Ritual: [Ex: proteção, resposta, limpeza espiritual] Entidade Conjurada: [Anjo ou inteligência invocada] Sensações: [Temperatura, luz, sons, impressões] Respostas Recebidas: [Frases, símbolos, visões] Conclusão: [Observações, êxitos, dificuldades, sentimentos após o encerramento]

Esse registro ajuda a avaliar progresso, identificar padrões e evitar repetições desnecessárias.

Este apêndice encerra o curso completo das práticas do Heptameron. Com ele, o leitor está munido não apenas de instruções, mas também de fundamentos éticos e ferramentas visuais para caminhar com segurança e reverência.

Que este livro seja um espelho da tua intenção mais elevada, e que cada círculo traçado no chão seja reflexo de um círculo aceso na tua alma.

#Ósfácio

A jornada traçada neste livro chega ao fim — mas, como toda verdadeira obra espiritual, seu término não é um ponto final, e sim um portal de transição. O conhecimento apresentado nas páginas anteriores, extraído do *Heptameron* e expandido por reflexões contemporâneas, não pretende oferecer fórmulas prontas ou segredos fáceis. Ao contrário: ele convida o praticante ao trabalho constante de si mesmo, à escuta silenciosa do invisível e à construção disciplinada de uma ponte entre mundos.

Quem percorreu com atenção os dezesseis capítulos desta obra certamente percebeu que, mais do que técnicas, rituais e invocações, o que se pede é postura interior, clareza ética e honestidade espiritual. A prática mágica legítima não se reduz a vestes, selos ou palavras. Ela floresce no coração daquele que busca o sagrado com reverência, que reconhece sua ignorância sem se entregar a ela, e que deseja mais do que controlar: deseja compreender.

O *Heptameron*, como grimório clássico, permanece envolto em símbolos e mistérios. Mas quando lido com o olhar da alma e praticado com humildade, revela-se como uma verdadeira escada espiritual: degrau por degrau, ele conduz o operador do rito ao espírito, do gesto à essência, da fórmula ao silêncio.

Se algo permanece após esta leitura, que seja o compromisso com a verdade. Que cada círculo mágico traçado a partir deste aprendizado seja mais do que um espaço sagrado — que seja o reflexo de um círculo interno, aceso na consciência. Que cada palavra pronunciada em rito seja precedida por um silêncio maduro. E que a busca pelo invisível nunca obscureça o valor do visível, da presença, da vida comum que nos ensina a cada instante.

A magia, em sua mais alta expressão, não nos afasta da realidade: ela nos reaproxima dela com novos olhos. E se este livro contribuiu para essa reaproximação — mais lúcida, mais amorosa, mais ética —, então cumpriu sua missão.

Que as bênçãos celestes acompanhem teu caminhar.

Em luz e verdade.

Luan Ferr

www.ingramcontent.com/pod-product-compliance
Lightning Source LLC
LaVergne TN
LVHW032008070526
838202LV00059B/6348